창피하지만,
일단
해봅니다

창피하지만, 일단 해봅니다

나카가와 료 지음
김나정 옮김

지금 창피한 마음은
미래가 보내는 성공의 신호

갈매나무

고민될 때마다
나는 창피한 쪽을 택한다

　누구도 가능한 한 창피를 당하고 싶지는 않을 것이다. 하지만 한번 생각해보자. '창피함'은 우리의 적이 아니다. 우리는 새로운 일에 도전할 때 부끄럽고 창피한 기분을 느낀다. 즉 창피함은 새로운 기회가 왔음을 알리는 신호이기도 하다.

　지금 눈앞에 두 갈래 길이 있다고 생각해보자. 한쪽은 지금까지 익숙하게 해오던 방식으로 해결할 수 있는 무난한 길이고, 또 다른 길은 '잘못되면 창피할 것 같은데……'라는 생각이 드는 새로운 길이다. 만약 고민이 된다면 후자를 선택해보자. 그것만으로 당신은 새로운 경험을 할 수 있다. 이처럼 창피함을 무릅쓰는 것은 새로운 체험을 위해 도전할 수 있는 돈 안 드는 '투자'다.

"괜찮아. 젊을 때 많이 창피당해 봐야지!"

회사 선배가 기획 회의에서 자신의 제안서를 더듬거리며 설명하는 신입 사원 A 씨를 보고 한 말이다. 나는 옆에서 그 모습을 지켜보면서 이질감을 느꼈고, 그래서 이 책을 썼다.

물론 선배가 A 씨를 폄하하려고 그렇게 말한 건 아니었다. 분명 신입 사원의 등을 두드려주며 격려하려는 의도였을 것이다. 하지만 내 눈에는 A 씨가 상처받은 것처럼 보였다. 겉으로는 웃으며 "기획에 부족한 점이 많아서 죄송합니다"라고 답했지만, 공들여 생각해낸 제안서를 책상에서 한 장 한 장 거두는 그의 손은 어렴풋이 떨리고 있었다.

별생각 없이 말한 선배의 한마디로 A 씨의 노력은 어느새 '창피한 일'이 되어버린 것이다.

✦ '꼴사나운 일'도 할 수 있는 용기

'이러려고 시작한 건 아닌데.' '더 잘할 수 있을 줄 알았는데.'

많은 사람이 이런 후회를 안고 살아간다. 나도 그런 사람 중 하나였다.

나는 일본의 광고 기업 덴쓰에 입사했는데, 줄곧 희망해온 크리에이티브 부서에는 입사 8년 차 여름이 되어서야 들어갔다. 그전까지는 매일 '이러려고 들어온 게 아닌데'라는 생각만 했다. 남을 부러워하고, 나의 '불운한' 처지에만 골몰하는 우울한 나날을 보냈다. '열심히 하면 누군가 알아줄 거야'라고 스스로 되뇌면서 나름대로 노력하기는 했다. 그런데 정신을 차려보니 7년이라는 시간이 지나 있었다.

지금 돌이켜보면 무척 수동적인 마음가짐이었다는 생각이 든다. 내가 바뀌기 시작한 것은 원하는 바를 이루지 못한 채로 입사 8년 차에 접어들기 직전, 이직을 본격적으로 고려하기 시작하면서부터였다.

누군가가 나를 발견해주기만을 바라던 때에는 나를 내보이는 것이 '꼴사나운 일'이라고 생각했다. 하지만 나를 둘러싼 환경 너머를 바라보니, 나에게는 이미 잃을 것이 아무것도 없었다. 그 후로는 회의 시간에 크리에이티브 부서 선후배보다 더 많은 기획안을 가져가거나, 기획안에 대한 조언을 얻거나, 신입 사원 크리에이티브 연수에 참가하게 해달라고 억지를 부리는 등 '꼴사나운 일'도 할 수 있게 되었다. '창피'를 무릅쓸 줄 알게 된 것이다.

본래 내 업무인 영업 부서 일을 하면서 시작한 개인 프로젝트로 굿 디자인상과 카피라이터의 등용문이라고 불리는 도쿄 카피라이터 클럽 신인상 등 여러 상을 받았고, 그러면서 주변

분위기가 달라지기 시작했다. 그렇게 나는 입사 8년 차에 겨우 카피라이터라는 문구가 적힌 명함을 손에 쥐었다.

✦ "I will write your name Kanji."

이듬해 여름, 나는 프랑스 칸에 갔다. 세계 최대의 광고 축제인 '칸 국제광고제'에서 열린 '영 크리에이티브 아카데미'에 참가하기 위해서였다. 이 아카데미는 젊은 광고 제작자를 육성하기 위해 전 세계에서 스물다섯 명을 뽑는데, 내가 그중 한 명으로 발탁된 것이다.

아카데미 개최 기간은 닷새다. 어떻게 하면 그 짧은 시간 안에 세계 최고의 강사진과 문화도 모국어도 다른 멤버들에게 나를 어필할 수 있을까 생각하면서 프랑스에 도착했다.

자기소개 시간이었다. 내 순서가 돌아오자 나는 이렇게 선언했다.

"나는 일본에서 온 카피라이터입니다. 이제부터 여러분의 이름을 한자로 한번 바꿔볼게요."

나는 멤버 모두의 이름을 한자로 적어보기로 했다.

우선 사전에 조사해두었던 강사의 이름을 한자로 바꾸었고, 그 한자의 의미를 이야기로 풀어 소개했다. 그리고 참가 인원수만큼 챙겨 온 천 원짜리 붓펜을 가벼운 선물로 돌렸다.

사실 이러한 자기소개를 미리 생각하고 준비하기는 했지만, 정말로 실행에 옮길지는 직전까지도 고민이었다. 영어도 잘 못 하는 내가 전 세계에서 모인 최고의 크리에이터들 앞에서 별난 자기소개를 한다니. 실패하면 꼴사납고 창피할 것이다. 필요한 정보만 간단히 이야기할까도 생각했다. 하지만 내게는 '고민될 때는 창피한 쪽을 택한다'는 신념이 있었다.

자기소개를 계기로 나는 멤버 모두와 대화할 기회를 얻었고, 덕분에 전 세계에 친구가 생겼다. 참가자 중 한 명이었던 호주인 친구와는 무척 친해져서 그해 겨울에 그의 멜버른 자택에서 머무르기도 했다.

✦ 소리 없이 기회를 빼앗는 괴물

우리는 스스로 그려놓은 '이상적인 나'와 마음처럼 되지 않는 '현실 속 나'의 차이 때문에 창피함을 느낀다.

예를 들어 회의나 세미나 등 많은 사람이 모인 자리에서 질문하는 일이 창피한 이유는 '날카로운 질문을 하는 똑똑한 사람'으로 보이고 싶지만, 스스로 납득할 만한 '좋은 질문'이 떠오르지 않기 때문이다. 회의에서 다른 사람이 의견을 물어보기 전까지 발언하지 않는 것도 '논리적으로 생각하는 사람'으로 보이고 싶지만, 스스로 납득할 만한 '독창적인 의견'이 떠오르지 않기 때문이다.

'존경받고 싶다'는 무의식 때문에 '창피를 무릅쓰는 일'을 멀리하게 되는 것이다. 창피함은 소리 없이 기회를 빼앗는 괴물이다.

지금 우리가 사는 시대는 예전보다 부끄러움을 느끼기가 더 쉽다. 타인의 평가가 쉽게 가시화되기 때문이다.

SNS에서는 글을 올리면 실시간으로 '좋아요' 개수와 댓글을 확인할 수 있다. 아무도 '좋아요'를 눌러주지 않을 때도 있고, 돌아오는 반응이 있어도 그것이 꼭 긍정적이라는 법은 없다. 몰랐으면 좋았을 법한 불특정 다수의 의견과 감상이 가감 없이 보인다. 우리는 이러한 타인의 평가를 무시하기 힘들다.

또 전 세계의 정보를 간단히 접할 수 있게 되면서 상대적으로 나의 '무능함'도 더 쉽게 눈에 들어오게 되었다. 어떤 영역이든 젊고 재능 있는 사람들이 넘쳐난다. 머나먼 곳에 존재하는 사람들과 나를 비교하면서 '이제 와서 내가 해봤자 창피하기만 하지'라는 생각에 주저하고 만다. 이 책을 손에 든 여러

분처럼 성실한 사람일수록 이러한 경향은 더 뚜렷하게 나타난다.

　창피함은 팀의 생산성에도 영향을 끼친다. 다양한 제품과 서비스를 전 세계에 제공하면서 우리 생활을 편리하게 만들어주고 있는 구글은 누구나 아는 유명 기업이다.

　구글이 사내 조사를 한 결과, '생산성이 높은 팀'에 공통적으로 나타난 것은 강력한 리더십도 합리적인 업무 프로세스도 아닌 '심리적 안전성'이었다. 회의에 참여한 직원이 거리낌 없이 발언할 수 있는 심리적 안전성, 즉 '모두가 창피를 무릅쓸 수 있는 환경'이 팀 생산성에 크게 기여하고 있는 것이다.

✦ 창피한 게 아니라 창의적인 겁니다

　창피함의 끝에 '창의성'이 있다. 왜냐하면 창의성은 지금까지와는 다른 상태를 뜻하기 때문이다. 기존의 상식과 정해진 틀을 깨고 창피를 무릅써야만 창의적인 것이 생겨난다.

　실제로 나의 본업인 광고 업무는 창피함의 연속이다. 어떤 광고 영상과 포스터가 제품 판매를 위해 효과적일지는 브랜드에 따라 천차만별이기 때문에 일상 업무가 오더메이드order made인 이 일에는 명확한 '정답'이 없다. 그러니 결과적으로 지금까지 살아오면서 느낀 것, 즉 가치관과 취향이 많이 반영될 수밖에 없다. 그렇다 보니 기획을 하면서 내가 무엇을 재미있고, 멋있고, 귀엽다고 느끼는지를 속속들이 알게 된다.

게다가 기획 회의에 나온 수많은 기획안 중에서 최종적으로 뽑히는 것은 딱 하나뿐이다. 100개의 기획안이 올라왔다면, 선택된 한 개의 기획안 뒤에는 떨어진 99개의 창피함이 존재한다.

기획안이 통과되면 다음은 실제 제작이다. 광고는 여러 전문가가 모여 제작한다. 때로는 나보다 나이도 경험도 많은 전문가에게 나의 의견과 의문점을 솔직히 이야기해야 한다. 그때마다 마음속에 있는 또 다른 자아가 나를 방해한다. '너같이 미숙한 놈의 의견을 누가 듣겠어'라고 말이다.

자신의 기획안이 세상에 나오기까지 넘어야 할 산, 즉 창피함이 존재하는 것이다.

✦ 몇 살이 되어도 창피를 무릅쓸 줄 아는 사람

우리는 어떻게 하면 이 골치 아픈 창피함이라는 감정을 극복할 수 있을까?

나는 우선 내 안에 끓어 넘치는 창피함을 이해하는 일부터 시작했다. 인간은 정체를 알 수 없는 것에 공포를 느끼는 생물이다. 그렇다면 창피함의 정체를 객관적으로 파악하고 이해함으로써 그에 대한 공포심도 누그러뜨릴 수 있을 것이다. 창피함을 분석해보니, 우리가 느끼는 창피함은 크게 여섯 가지로 나눌 수 있었다.

먼저 창피함의 요인에 따라, 자신의 미학과 충돌하면서 생기는 '내적 창피함'과 일반 상식과 충돌하면서 생기는 '외적 창피함'으로 크게 나눌 수 있다. 나아가 이 두 가지는 경험의 성숙도에 따라 각각 세 단계로 다시 나눌 수 있다.

첫 번째는 새로운 일을 시작한 지 얼마 안 되는 시기에 느끼는 '입문기 창피'다. 처음이기에 나만 안 되고, 나만 모른다는 말을 꺼내기가 어려운 상황이 이에 해당한다. 다음으로는 일에 어느 정도 익숙해진 뒤, 좀 더 능숙해지기 위해 노력하는 시기에 느끼는 '발전기 창피'다. 경험이 쌓인 만큼, 너무 애쓰는 모습을 타인에게 보이는 게 부끄럽거나 다른 사람의 협력을 구하기가 멋쩍은 단계다. 마지막 세 번째는 내가 주변인들보다 훨씬 경험치가 쌓였을 때 느끼는 '숙련기 창피'다.

보통 창피함은 '처음으로 도전할 때 느끼는 감정'이라고 생각하는데, 사실은 그렇지 않다. 경험이 많은 사람일수록 자신의 잘못을 인정하기 쉽지 않다. 경험이 많은 사람일수록 무의식적으로 존경받기를 원하기 때문에 스스로 잘못을 인정하는 '창피함'을 허용하지 못할 때가 많다. 이제 와서 몰랐다고 할 수는 없다고 생각하는 것이다. 그뿐만 아니라 지금까지 경험을 쌓아온 영역을 벗어나 새로운 영역에 도전하는 데에도 부끄러움을 느낀다. 이처럼 '창피하다'고 느끼는 것은 젊은 세대만의 일이 아니다.

지금은 100세 시대다. 이제는 하나의 커리어와 기술만으로는 사회인으로 살아가기 어렵다. 해본 적 없는 일에도 도전해야만 하는 상황이 점점 더 늘어날 것이다. 그 앞에서 당신을 기다리고 있는 것은 분명 '창피함'이라는 감정일 터다.

창피함을 적처럼 두려워하는가, 아니면 기회의 신호로 받아들이는가에 따라 당신의 미래는 크게 달라진다. 창피함에 대한 '면역'을 기르면 당신은 더 많은 일에 도전할 수 있게 될 것이다. 부끄러움은 젊은 세대만의 문제가 아니다. 우리는 몇 살이 되어도 창피를 무릅쓸 줄 아는 사람이 되어야 한다.

(Ⅲ) 창피함에 맞서기 위한 나만의 관점 키우기

입문기 창피 새로운 일을 막 시작한 사람들을 위한 조언

발전기 창피 실력 향상을 위해 노력하는 사람들을 위한 조언

I.
〰〰

창피를
모를수록
진정한 나를
알 수 있다

변화가 필요한 시대에서
살아남기

'하루라도 빨리 성장해서 성과를 내야 해.'

사회 초년생은 대부분 이런 생각을 하며 업무에 임할 것이다. 이 '성장'은 자신이 갖춘 업무 능력이나 기술과 더불어 자신이 걸어 나갈 길의 연장선 위에 있기 마련이다. 같은 조직, 같은 회사에 오랫동안 몸담는 일이 당연했던 사회에서는 이러한 하나의 성장축을 기준 삼아 평가할 수가 있었다. 하지만 이제는 '성장' 이상으로 '변화'가 요구되는 시대가 오고 있다.

우리는 '100세 시대'라고 불리는 세상에 살고 있다. 수명이 비약적으로 늘면서 필연적으로 노동 시간도 늘어났다. 일본은 2021년부터 단계적으로 정년을 만 70세까지 연장하기로 했다. 처음 사회생활을 하는 순간부터 70세 정년까지 계속해서 같은 일을 하는 사람들이 과연 얼마나 될까?

20대에 배운 지식과 기술만으로 70세가 될 때까지 사회에서 필요한 인재로 남으리라는 보장은 어디에도 없다. 일본의 노동 인구 절반가량이 인공지능과 로봇 기술로 대체될 수 있다고 한다. 앞으로 남은 긴 사회생활 동안 한 가지 영역에 한정된 지식과 기술만 추구한다면 결국 벽에 부딪히게 될 것이다.

요컨대 적극적으로 새로운 일에 도전하고, 경험과 지식을 쌓아야만 하는 시대에 돌입한 것이다. 이런 시대에서 우리는 '몇 살이 되어도 창피함을 무릅쓸 용기'를 키워야 한다.

경험이 많은 사람일수록 새로운 일에 도전하는 것이 꺼려질 수 있다. 하지만 긍정적으로 생각하면 새로운 일에 도전할 구실이 생겼다고도 볼 수 있다. 자신의 경험과 지식을 고집하지 말고 변화를 받아들일 준비만 할 수 있다면 모든 일이 기회로 바뀔 것이다.

"한 가지 영역도 아직 완벽하지 않은데 다른 영역에 손을 대면 양쪽 다 애매해질 뿐이야"라고 말하는 사람도 적잖을 것이다. 하지만 여러 분야에 강점을 지닌 제너럴리스트는 '조합의 스페셜리스트'이기도 하다. 조합할 수 있는 영역이 많아질수록 특별함이 커져 그 사람의 시장 가치 또한 올라간다. 이러한 영역 간의 조합이야말로 비연속적이고 개별적인 축에서 일어나는 '변화'다.

나는 입사 8년 차에 겨우 카피라이터가 되어 신입 카피라이터와 함께 연수를 받은 후 현장에 투입되었다. 연수에서는 내 광고 문구보다 신입 사원의 문구가 더 칭찬을 받았다. 동기 카피라이터들은 나보다 훨씬 전부터 활약해 이미 8년이라는 경력이 있었다. 게다가 더 윗선에는 이 분야에서 몇십 년이나 일해온 대선배들이 자리하고 있었다. 이들과 같은 무대에서 싸운다 한들 승산이 없었다.

그래서 나는 가장 처음 부임했던 프로모션국에서 배운 광고 설계 및 실행 능력과 그다음에 부임한 영업국에서 배운 팀 통솔력, 그리고 개인적으로 공부해온 광고 문구 작성과 영상 기획 능력을 조합해 능력을 발휘하기로 했다.

한 가지 영역만을 봤을 때는 승산이 없어 보이더라도, 여러 영역을 조합하면 나만이 할 수 있는 일이 된다. 여러 영역의 지식과 경험을 섞으면 내 강점이 된다는 사실을 처음으로 깨달은 순간이었다.

경험과 지식에 집착하지 말고, 변화를 받아들이자

인간은 완벽을 원할수록
더 불완전해진다

창피함이라는 감정은 누구나 피하고 싶은 감정이다. 창피함을 느끼는 순간에는 심장 박동이 빨라지고, 얼굴이 새빨개지며, 그 자리를 박차고 나가고픈 생각이 든다. 심지어 당신 주변의 사람들이 모두 적으로 보이기까지 한다.

하지만 창피함을 피하려고 할수록 우리는 창피함을 더 느끼기 마련이다.

왜냐하면 창피함이란 자신이 생각하는 '이상적인 나'와 '지금의 나'의 차이에서 비롯되는 것이기 때문이다. 눈앞에 닥친 일을 실패 없이 '완벽'하게 해내려고 할수록 현실의 내가 '불완전'하게 느껴질 수밖에 없다. 이 불완전함을 받아들이지 못해 부정적인 감정이 커지면 더욱 창피해져서 결국 옴짝달싹 하지 못하게 된다.

심리적 좌절 = 창피함

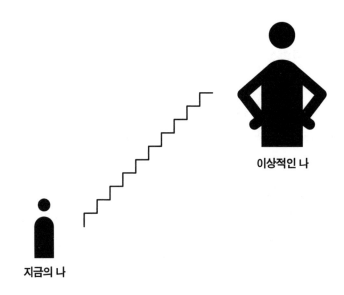

이상적인 나

지금의 나

창피함이란 자신이 생각하는 '이상적인 나'와 '지금의 나'의 차이에서 비롯되는 다양한 '심리적 좌절'이다. 재미있는 기획을 하는 사람이라는 평가를 받고 싶지만, 실제로는 그럴듯한 기획이 전혀 생각나지 않을 때, 이 차이에서 생기는 심리적 좌절감이 회의에서 발언할 용기를 빼앗아 가버린다. 이상과 현실의 차이가 크면 클수록 '주변에서 나를 무시하는 건 아닌가' 하는 불안감도 커진다. 그러고는 참여한 회의에서 아무 말도 하지 못한 채 회의실을 빠져나가게 되는 것이다.

만약 이때 창피함을 무릅쓸 용기가 있었다면, 대단한 기획이 아니었을지라도 당신의 발언을 계기로 누군가 묘안을 냈을지도 모른다. 창피함을 피하기 위해 당신은 숨어 있을지도 모를 가능성을 버리고 만 것이다.

스스로에 대한 높은 기대치는 변화하고자 하는 욕망이기도 하다. 하지만 기대치가 높을수록 지금의 나에 대한 부정적 감정이 커지고, 이상적인 내가 현재의 나를 부정하게 된다. 그 결과, 창피하다는 감정이 더욱 커져 행동에 제약이 생기는 것이다.

 스스로에 대한 기대가 클수록 행동에 제약이 생긴다

농담에 담긴
무시무시한 힘

창피함이라는 감정은 주변인의 영향을 크게 받는다. 타인의 의견과 가치관을 강요받으면서 창피함이 싹트는 것이다. 그 순간들은 우리 삶 속에 교묘히 숨어 있다.

당신은 친구의 새로운 옷과 머리 스타일, 화장 등을 놀린 적이 있는가? 당신의 별것 아닌 한마디 때문에 마음에 쏙 들었던 옷과 머리 스타일이 상대방의 마음속에서 '창피한 것'이 되어버릴 수 있다. 혹은 회의에서 신입 사원이 용기를 내어 발언했는데 "네가 뭘 안다고 그래"라며 핀잔을 준 적이 있는가? 그 순간 후배의 도전은 창피한 일이 되어버리는 것이다.

인간의 용기는 마치 비눗방울처럼 덧없으며 소중하다. **우리의 말에는 누군가의 도전을 창피함으로 바꾸어버리는 무시무시한 힘이 있다.**

대화 중에 주변 사람을 웃기기 위해 특정인을 놀리거나 괴롭히는 광경을 본 적이 있을 것이다. 보통 이런 행위는 자신보다 약한 위치에 있는 상대를 향하는 경우가 많다. 설사 악의 없는 행동이라도 상대방을 놀리면 안 된다. 누군가의 작은 용기를 말 한마디로 창피하게 만들어버리는 엄청난 행위이기 때문이다. 다른 사람의 용기를 빼앗고 싶지 않다면 말을 조심하도록 하자.

놀림당한 사람에게는 이렇게 말하고 싶다. 신경 쓰지 말자. 그리고 그런 말을 하는 사람과는 되도록 거리를 두자. 그런 사람이 가까이 있으면 부정적인 사고방식을 가지게 될 뿐, 긍정적인 변화는 기대하기 어렵다. 그런 사람들은 상대방을 놀리면서 무의식적으로 자신이 우위에 서려고 하는 습성이 있다.

일본 광고 업계에는 '광고 관계자는 앞으로 나서면 안 된다'는 불문율이 있다. 이런 암묵적 규칙에 답답함을 느낀 나는 해외 파견에서 돌아오자마자 노트나 트위터 등의 SNS에 내가 일하면서 생각한 것들을 적거나, 해외에서 지금 화제가 되고 있는 광고를 소개하기 시작했다.

이때 주변의 반응은 크게 엇갈렸다. "항상 잘 읽고 있어"라는 감상을 들려주는 사람과 "오, 나카가와 선생님 아니신가"라며 비아냥대는 사람으로 나뉘었다. 이때 감상과 댓글을 남

겨준 사람들이야말로 나를 진정으로 응원해주는 이들이다.

내가 무언가에 도전하고 있을 때 주변의 반응을 살펴보자. 정말 나를 응원해주는 사람이 누구인지 구분할 수 있다.

놀리는 사람이 있더라도 부끄러워하지 말고, '**구분할 수 있는 판단 기준이 생겨 다행이다**'라고 생각하자. 단 그렇다고 해서 응원해주지 않는 사람을 헐뜯어서는 안 된다. 누군가를 응원하는 것은 당연한 일이 아니다. 그런 만큼 응원해준 사람에게 감사한 마음을 가져야 한다.

 타인을 놀리지 말자. 내가 놀림거리가 되더라도 신경 쓰지 말자

미래의 목표라는
허상에서 벗어나라

'성공의 비결은 명확한 비전을 세우는 것'이라는 말을 종종 듣는다. 이상적인 자신의 모습을 그리는 것은 앞으로 나아가기 위한 원동력이 된다고들 한다. 하지만 나는 '이상적인 나'를 '저주'라고 부른다.

이상적인 나는 자기 자신에게 건 저주와 같다. 목표를 향해 달려가는 삶은 활력이 넘치지만 고뇌도 많다. 미래의 목표에서 역산해 지금의 내 결점을 채워가야 하기 때문이다. 즉, 매일 부족한 것을 세면서 살아가는 삶이라 할 수 있다.

부족한 것을 세어가면서 살기보다 지금 가지고 있는 것을 어떻게 활용하면 좋을지 생각하는 편이 더 건설적이다. 또한 이상은 부모, 소속된 조직, 사회의 '상식'에 큰 영향을 받기 때문에 목표를 이뤘을 때 내가 정말 행복할지도 생각해보아야 할 문제다.

'이상적인 나'라는 저주

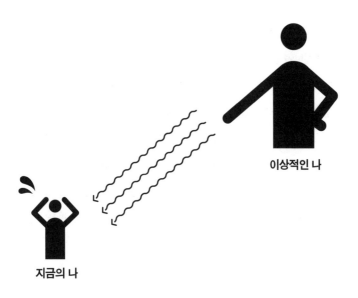

이상적인 나

지금의 나

"당신은 대기만성형이에요. 원하는 바가 아니었을지도 모르지만요."

신입 사원 연수에서 선배가 나에게 적어주었던 코멘트다. 나는 그의 필체까지도 정확히 기억하고 있다. 하루라도 빨리 업무에 전념하고 싶다는 기대로 가슴 부풀어 있던 스물두 살의 나에게는 받아들이기 어려운 말이었다.

하지만 현실은 녹록지 않았다. 광고 기획·제작을 하는 크리에이티브국을 지망하여 입사했던 내가 처음으로 발령받은 곳은 상품 판매 촉진을 기획·제작하는 프로모션 사무국이었다. 그리고 6년 차에는 고객과 매일 직접 대면해야 하는 영업 부서로 이동하면서 기획·제작 일과는 완전히 멀어졌다.

나는 목표에 한 발짝도 다가서지 못했는데, 동기와 후배들은 이미 제작자로 활약하고 있었다. 제작과는 전혀 관련 없는 부서에 있던 나로서는 그들의 활약을 볼 때마다 질투가 끓어올랐다. 결국 나는 나 자신을 지키기 위해 그들의 SNS를 차단했다.

내가 스스로 건 저주는 나를 몹시 옭아맸다. 어떻게 해야 할지는 모르겠지만 아무튼 이대로는 안 되겠다는 생각이 들었다. 어느 날은 회의실에서 홀로 울기도 했다.

지금 생각해보면, 이때의 나는 '기다리는 자세'만 취했었다.

열심히 하다 보면 누군가 알아주리라고만 생각했다. 하지만 잔인하게도 사회는 평등하지 않다. 기회는 자신이 직접 찾아 나서지 않으면 찾아와주지 않는다. 시간이 아무리 흘러도 '언젠가 되겠지'의 그 언제는 오지 않았다.

그렇다고 직접 나서서 나를 어필하는 것은 꼴사납고 부끄럽다. 그런 감정이 나를 움직이지 못하게 했다.

나에게 부족한 점만 찾으려 들지 않기

존경받고 싶다는 마음보다
중요한 것

우리가 창피하다고 느끼는 이유는 무의식적으로 '존경받고 싶다'고 생각하기 때문이다. 이러한 생각은 행동을 제약하고 용기를 빼앗아 간다.

머리가 좋은 사람처럼 보이고 싶어서 세미나에서 '적절한 질문'을 생각하다 결국 질문하지 못하고 끝나버린다거나, 일을 잘한다는 평가를 받고 싶어서 완벽함을 추구하다가 마감을 놓쳐 혼나는 경우 등이 있다.

기껏 참가한 세미나에서 질문도 못 한 채 의문을 품고 돌아가는 것은 참으로 아까운 일이다. 마감을 놓친 경우도 상사와 미리 상의했더라면 시간을 단축할 수 있었을 것이다. 머리로는 알면서도 하지 못했다는 데에 창피함을 느끼고 만다. 이렇듯 존경받고 싶다는 마음이 우리의 행동을 막아선다.

그래서 내가 추천하는 방법은 '존경받는 사람'이 아닌 '응원받는 사람'을 목표로 하는 것이다. 존경받으려고 하면 할수록 이상적인 내가 기준점이 되어 나도 모르게 나의 부족한 부분에 눈이 가고 만다. 그리고 그 이면에 숨은 창피함이 발목을 잡는 것이다.

반면 응원받는 사람은 무엇이든 내보일 수 있다. 그저 내 모습 그대로 세미나를 들었을 때 머릿속에 떠오르는 질문을 솔직하게 물어보면 되는 것이다. 그렇게 하면 이전의 나처럼 질문하지 못했던 사람들에게도 도움이 된다. 마감을 놓쳤던 일도 본격적으로 일에 착수하기 전에 지금 내가 생각하는 것들을 간단히 메모해놓고, 사전에 상사와 논의하면 더 여유 있게 일을 끝낼 수 있다.

콤플렉스는 가리기 때문에 콤플렉스가 되는 것이다. 반대로 **콤플렉스를 내보이면 그것은 매력 포인트가 된다.** 이러한 열등감이 그 사람의 성격과 가치관을 형성하고, 앞으로 나아가는 원동력이 될 수 있기 때문이다.

실제로 내가 이 책을 쓰게 된 계기도 콤플렉스였다. 광고 대행사에서 창의적인 일을 하고 싶었던 내가 겪은 8년이라는 고뇌의 시간이 결과적으로는 나의 오리지널리티가 되어 이 책을 기획하는 바탕이 되어준 것이다.

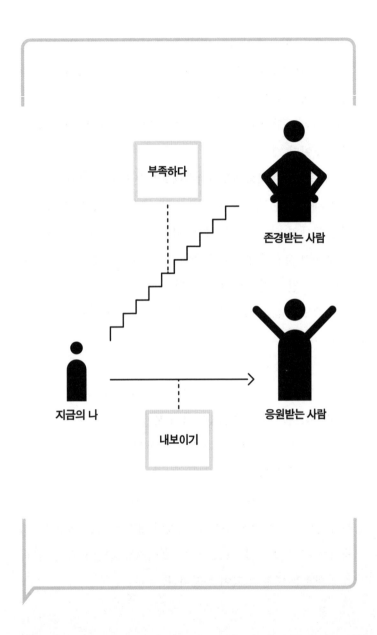

부족하다

존경받는 사람

지금의 나

응원받는 사람

내보이기

콤플렉스는 나쁜 것이 아니다. '나다운 것이 무엇인지 모르겠다'는 생각이 든다면 자신의 콤플렉스를 찾아보자. 그곳에 당신의 개성이 숨어 있을 것이다.

 '존경받는 사람'보다 '응원받는 사람'을 목표로 삼자

후배한테 평가받는
선배의 마음

타인을 평가하는 사람은 언뜻 보면 자신감이 넘쳐 보인다. 하지만 사실 그 내면을 들여다보면, 자기긍정감이 낮아서 타인을 평가해 '나는 이 사람보다 뛰어나다'고 믿고 싶은 것이다. 즉 타인을 평가함으로써 자신의 존재 가치를 확인하는 것이라 할 수 있다.

"걔는 애가 괜찮던데" "걔는 영 별로더라"와 같이 선배가 후배를 평가하는 모습을 한 번쯤 본 적이 있을 것이다. 이때 '타인을 평가하는 사람과는 되도록 거리를 두자'고 말하기는 쉽지만, 현실에서는 쉽지 않은 일이다. 그런데 타인에게 평가받을 때 오해하면 안 되는 것이 있다. 앞선 예시에서 선배가 말하는 '괜찮다' '별로다' 같은 평가는 상대방의 가치에 대한 판단이 아닌 선배 입장에서 상대방의 능력이 유용한지 아닌지에 대한 판단일 뿐이다. **'별로'라는 평가를 받았다 해도 선배에게 유용한 능력은 아니라는 뜻일 뿐이라는 말이다.** 반대로 '너 잘하네'라는 이야기는 마치 칭찬 같지만, 사실 당신의 능력을 자기 좋을 대로 이용하기 쉽다는 뜻일 수도 있다.

요컨대 이렇게 유동적이고 불명확한 기준으로 내리는 '괜찮다'와 '별로다' 같은 발언에 일희일비하는 것은 시간 낭비다.

지금까지 예로 든 바와 같이 평가는 주로 윗사람이 아랫사람에게 하는 일이 많았다. 하지만 지금은 후배도 선배를 평가하는 시대다.

지금은 선배 세대들이 이해하지 못하는 후배 세대의 문화권, 경제권이 형성되어 있다. 유년 시절부터 컴퓨터와 인터넷을 접해왔던 세대인 디지털 네이티브 세대 다음은 '스마트폰 네이티브' 세대다. 그리고 프로그래밍 수업이 의무화된 일본에서는 '프로그래밍 네이티브' 세대가 그다음 주자다. 기술에 따른 세대 분단은 점점 가속될 것이다.

따라서 선배 세대도 마냥 넋 놓고 있을 수 없는 처지가 되었다. 후배들은 '이 선배가 부탁한 일은 나에게 이득일까?' 하는 날카로운 눈으로 선배를 바라본다. 10년 차에 접어든 나는 선배이기도 하면서 후배이기도 하다. 선배 입장에서 일할 때는 후배의 평가를 두려워하고, 후배 입장에서는 선배의 평가를 두려워한다.

세대 분열을 방지하기 위해서는 선후배 관계를 재고할 필요가 있다. 선배가 후배에게 일방적으로 지시하는 수직적 위계가 아니라 수평적인 관계가 되어야 한다. 상대가 알고 자신이 모르는 영역을 인정하면서 부족한 부분을 서로 채워나가야 한다.

앞으로 선배 세대는 더욱 겸허해져야 하고 후배 세대는 자신감을 가져야 한다. 또한 양쪽 모두 '몇 살이 되어도 창피를 무릅쓸 용기'를 가져야 한다.

 '괜찮다, 별로다' 하는 평가에 얽매이지 않기

SNS로 드러나는
욕망의 얼굴들

타인과 자신을 비교하는 행위 자체는 배움을 얻는 데 필요하다. 하지만 SNS가 활성화되면서 타인과의 비교가 매우 빠른 속도로, 그리고 잘못된 형태로 진행되고 있다는 생각이 든다. 사람들은 SNS에 '나 이렇게 보이고 싶어' 하는 모습을 올린다. 남들이 부러워할 만한 모습을 공유하는 것도 그러한 욕망 중 하나다.

전 세계의 정보를 간단히 얻을 수 있게 된 만큼, 상대적으로 나의 '무능함'이 크게 다가온다. 만난 적도 없는 사람과 자신을 비교하며 '이제 와서 나 같은 게 해봤자 부끄럽기만 하지'라며 첫걸음을 내딛는 것조차 포기하게 된다. 성실한 사람일수록 이러한 경향은 더 뚜렷이 나타난다.

우리는 다양한 사람들의 '반짝이는 모습'을 일분일초마다 확인하면서 자신의 '재미없는 일상'과 비교한다. 타임라인에 뜬 타인의 충실한 삶과 성공, 행복을 보면서 상대적으로 평범해 보이는 나의 일상이 지겨워지는 것이다. 이러한 타인의 '반짝이는 모습'에는 쌓여 있는 세탁물이나 뒹굴뒹굴하며 텔레비전을 보는 일상은 없다.

SNS가 널리 퍼지면서 새로운 기회가 늘어난 것은 틀림없는 사실이다. SNS를 통해 재능이 발굴되는 일도 적지 않다. 반면, 매일 타인과 비교할 수 있게 되면서 정신적으로 불안정해진 측면도 있다. 나보다 어리고 눈에 띄는 사람들의 동향에 신경이 쓰이고 '나도 열심히 하고 있는데'라는 생각이 든다. 나역시 성공한 사람들의 게시물을 보면서 마음이 요동쳤던 경험이 있다. SNS로 남들의 성공을 확인할 때마다 진심으로 축하하지 못하는 내가 밉기도 했다.

SNS로 보는 타인의 일상과 인생은 잘라낸 하이라이트와 같다는 것을 잊지 말자. 스포트라이트를 받은 부분만 보면 내 인생보다 밝게 빛나 보이는 것이 당연하다. 하지만 스포트라이트가 비추지 않는 부분에는 우리와 똑같은 '평범한' 일상이 존재한다.

SNS에서 보는 '나'는 '보여주고 싶은 나의 모습'이다. 싫어도 볼 수밖에 없는 타인의 평가를 의식해 투영한 이상적인 나의 모습인 것이다. 이것은 '남들에게 이렇게 보이고 싶어'라는 욕망이기도 하다.

트렌디한 게시물을 반복적으로 올리는 사람은 트렌디해 보이고 싶은 사람일지도 모른다. 행복해 보이는 모습을 올리는 사람은 행복을 갈망하고 있을지도 모른다. '있는 그대로의 모습'을 올리는 사람도 '있는 그대로의 나를 보여주고 싶다'는 마음을 투영하고 있는 것이다.

SNS에 부러움을 자아내는 게시물이 올라와도 그것은 분명 그렇게 보이고 싶은 그들의 욕망일 뿐이라고 생각하자.

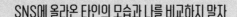

SNS에 올라온 타인의 모습과 나를 비교하지 말자

솔직함은 수치심보다
힘이 세다

"취미가 뭔가요?"라는 질문에 당당히 대답할 수 있는 사람은 얼마나 될까? 솔직하게 대답하지 못하는 것은 다음과 같은 상황이 일어날지도 모른다고 상상하면서 창피함을 느끼기 때문이다.

주말에 영화를 보는 것을 좋아한다면 그것 또한 훌륭한 취미다. 그런데 "취미는 영화 감상이에요"라고 대답하면 곧이어 "어떤 영화를 좋아해요?"라는 질문이 당신을 덮쳐올 것이다. 혹은 "어떤 감독 영화를 좋아해요?"라는 질문이 올지도 모른다. 영화를 좋아한다고 했는데 스타워즈 같은 유명한 영화를 들기도 애매하다. 이내 당신은 마음속으로 후회하기 시작한다. '아아, 이럴 줄 알았으면 영화 감상이라고 대답하지 말걸'.

나는 풀 커스텀 바이크를 타는데, 그렇다고 해서 "취미는 오토바이 타기예요"라고 말하기는 꺼려진다. 그건 내가 오토바이에 대해 무척 정통한 사람이 아니기 때문이다. 내가 오토바이를 타게 된 것은 회사에서 오토바이 브랜드를 담당하기 시작하면서부터였다. 회의에서 나오는 이야기를 전혀 이해하지 못하는 바람에 일이 끝나자마자 교습소에 달려가 오토바이를 산 왕초보다.

그런데도 주인장의 취향이 듬뿍 담긴 커스텀 바이크를 사는 바람에 길거리에서 오토바이를 좋아하는 사람들의 관심을 자주 받는다. 사실 나는 그들이 질문을 해도 대부분 무슨 질문인지조차 이해하지 못한다. 하지만 그럴 때면 떳떳하지 못하기도 하고 창피하기도 해서 아는 체를 하고 만다.

우리는 자신보다 지식이 많은 사람이 있으면 '나도 좋아해요'라고 당당히 말하지 못한다. 이것 또한 존경받고 싶다는 무의식이 우리를 방해하는 것이다. 자신이 상대방보다 우위에 있다는 것을 보여주는 행위를 '마운팅mounting'이라고 부른다. 이것은 영화, 패션, 음악, 예술 등 주제로 삼을 수 있는 모든 '이야깃거리'에서 일어날 수 있다.

'마운팅당했다'고 느낀 당신은 상대방에게 무시당하고 싶지 않아 무의식중에 '마운팅 자세'를 취하게 된다.

이렇게 행동하게 되는 원인은 '타인을 보는 나의 눈'에 있다. 타인을 보고 '이 사람은 영화에 대해서 하나도 모르면서 영화를 좋아한다고 말하네'라고 생각하거나, '오토바이 좋아한다면서 자동차 면허증도 필요 없는 스쿠터를 타고 다니네'와 같은 생각을 한 적이 없는가? 이런 사고방식을 바꾸지 않는 이상 타인의 마운팅에서 벗어날 수는 없다.

생각을 바꾸면 모르는 일은 모른다고, 좋아하는 것은 좋아한다고 당당히 말할 수 있게 된다. 타인을 보는 자신의 눈부터 바꾸어야 자신에게 느끼는 수치심도 가벼워진다.

남을 보는 눈은 거울과 같아서 결국 나에게 돌아오게 되어 있다는 점을 명심하자.

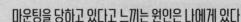

마운팅을 당하고 있다고 느끼는 원인은 나에게 있다

당신을 옭아매는
'꼭 이래야 한다'는 착각

일에 익숙해지면 '업무는 이렇게 해야 한다'는 미학이 생긴다. 프로로서 지니고 있는 미학은 업무 결과를 향상하는 데 도움이 된다. 하지만 달리 보면 단순한 '착각'이라고도 할 수 있다. 일에 종사한 경력이 길어질수록 주변과 스스로의 기대가 이 착각을 더욱 굳건히 만든다. 결과적으로 미학은 자신의 가능성을 좁히고 만다. 왜냐하면 이 미학은 '존재하면 안 되는 것'을 일률적으로 배제하기 때문이다.

이렇게 말하는 나도 '어디서 본 적 있는 듯한 기획은 제안하지 않는다'는 나만의 미학이 있다. 여기에는 두 가지 이유가 있다. 먼저, 단순히 본 적이 있는 것이라면 화제성이 떨어진다. 둘째로, 새로운 것이 아니면 직접 만드는 과정이 즐겁지 않기 때문이다. 광고 캠페인은 기획부터 세상에 내놓기까지

평균적으로 3개월 정도가 걸린다. 나뿐만 아니라 제작에 참여하는 직원 모두 같은 기간 동안 내 기획에 힘을 쏟는다. 그런데 사실 광고를 받는 고객 입장에서는 광고의 목적만 달성할 수 있다면 '본 적 있는 기획'인지 아닌지는 중요하지 않다. 이 미학 또한 '꼭 해야 한다'는 착각에 지나지 않는 것이다.

일 처리를 완벽하게 하려고 할수록 행동에 제약이 생긴다. '꼭 해야 한다'는 미학을 실현하지 못하는 자신을 허용할 수 없기 때문이다. 이러한 경향은 성실한 사람일수록 더욱 뚜렷하게 나타난다. 미학을 고수해야 한다는 '착각'은 자신뿐만 아니라 자신의 기준을 충족하지 못하는 주변인까지 용납하지 않기 때문에 더욱 위험하다. '나는 이렇게 열심히 하는데 왜 알아주지 않는 거지' '왜 기대에 부응하지 않는 거지'라며 자신의 '꼭 해야 한다'는 가치관을 타인에게 강요하게 된다. 이 부분에서 스스로 뜨끔한 사람도 있을 것이다.

미학이라는 착각을 만드는 것도 우리의 '창피함'이다. 기준을 충족하지 못한 내가 창피하기 때문에 허용하지 못하는 것이다. 게다가 '꼭 해야 한다'에 속박되면 '하지 않아도 되는 것'을 허용할 수 없게 된다. '하지 않아도 되는 것'이라고 판단해 제거해 버린 것이 사실 커리어에 필요한 새로운 기회였을지도 모르는데 말이다.

지금부터는 '꼭 해야 한다'는 생각을 의심해보자. 앞으로 우리는 한 가지 기술만으로 커리어를 쌓아가기 힘들어질 것이다. 직장 생활이 길어지고, '꼭 해야 한다'는 생각이 강해질수록 새로운 일에 도전하기 어려워진다.

정체된 커리어에 새로운 활기를 불어넣기 위해서라도 의도적으로 예상을 벗어나는 선택을 할 필요가 있다. '꼭 해야 한다'는 생각에서 자유로워지면 지금까지 놓쳐왔던 것들이 큰 기회였음을 깨닫게 될지도 모른다. 또 '꼭 해야 한다'는 생각을 타인에게 강요하지 않으면 상대방에게도 더 너그러워질 것이다. 사실 애초부터 '꼭 해야 하는 것' 따위는 존재하지 않는다.

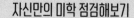

자신만의 미학 점검해보기

타인의 평가가
내 선택을 방해하지 않게

SNS로 타인의 평가가 가시화되면서 창피함을 무릅쓰는 것이 더욱 어려운 시대가 되었다. 내가 발언을 하면 실시간으로 타인의 평가를 볼 수 있다. 악평이 달리지는 않을까, 혹은 아무도 평가해주지 않는 건 아닐까 하는 마음에 좀처럼 글을 올리기 쉽지 않다.

우리의 인정 욕구는 SNS상에서 더욱 도드라진다. '다른 사람에게 인정받고 싶다'는 욕구는 24시간 쉬지 않고 자극받는다. SNS는 사용자로 하여금 끊임없이 접속하도록 설계되어 있다. 그리고 '내가 주변 사람에게 어떻게 비치는지'를 가시화한다. 실제로 인스타그램은 '좋아요' 기능이 사용자의 인정 욕구를 과도하게 자극한다는 점을 인정하면서 게시물마다 표시되었던 '좋아요' 개수를 2019년부터 일부 국가에 한해 노출하지 않기로 했다.

인정 욕구는 인간의 목숨을 위협한다. 최근 미국에서는 스스로 사진을 찍다가 목숨을 잃는 사고가 급증하면서 자가촬영, 즉 셀카를 의미하는 셀피selfie와 자살을 의미하는 영어 suiside를 합쳐 셀피사이드selficide라는 신조어까지 생겼다. 우리는 어느새 '타인의 행동'에 지배당하고 있는 것이다.

인정 욕구를 자극하는 SNS를 계속하는 이상, 인정 욕구의 비대화는 피할 수 없다. 하지만 '결과'여야 할 평가가 '목적'으로 바뀌는 순간 위험에 노출된다. 왜냐하면 인간의 평가는 불확실하기 때문이다.

인간의 가치관은 새로운 정보에 따라 쉽게 뒤바뀐다. 회사나 조직에서 좋은 평가를 받는 것을 목적으로 삼는다면, 이직후 새로운 직장에서는 그 목적의 의미가 없어지고 만다. 이렇듯 타인의 평가를 목적으로 삼는 것은 불안정할 뿐만 아니라 자신의 감정도 쉽게 요동치게 만든다.

불안을 해소하기 위해서 자신은 '선택되는 대상'이 아니라 '스스로 선택하는 주체'라는 의식을 갖추는 것이 중요하다. 선택되기를 기다리면 '나는 선택될까' '나에게 가치가 있는 걸까'라며 불확실한 타인의 평가를 신경 쓰며 불안해하게 된다.

나는 입사 후 시간이 꽤 흐른 뒤에야 크리에이티브 부서로 옮겨서 잘 아는 선배 제작자가 없었다. 이쪽 업무는 실적이 좋은 선배에게 제작 의뢰가 들어오고, 그 선배가 수많은 후배 중에서 제작을 함께할 멤버를 골라 팀을 편성하는 일부터 시작한다. 하지만 뒤늦게 제작 일에 뛰어든 나에게 먼저 말을 걸어주는 선배는 없었다.

그래서 나는 사내 영업을 시작했다. 내 프로필과 포트폴리오를 가지고 선배들에게 인사를 했다. 결과적으로 이 일이 업무로 바로 이어지지는 않았지만, 내가 선택한 행동에는 만족하고 있다. 만약 사내 영업도 하지 않은 채 선택되기를 기다렸다면 '나는 이렇게 노력하고 있는데 아무도 나를 불러주지 않아'라며 부정적인 생각에 빠졌을 것이다.

 '내가 선택해서 하는 일'이라는 의식을 갖자

II.

창피를
피할수록
오히려 기회가
사라지는 이유

기다리는 자에게
'언젠가'는 절대 오지 않는다

이제 창피함이라는 감정이 얼마나 만만치 않은 상대인지에 대해 이야기하고 싶다. 단적으로 말하자면, 사회는 불평등하다. 기회는 누구에게나 공평하게 주어지지 않는다. '열심히 하고 있으면 언젠가 알아주겠지'라고 생각해도 그 '언젠가'는 오지 않는다. 왜냐하면 내가 기회를 기다리는 동안 다른 사람은 스스로 찾아 나서 기회를 먼저 손에 넣기 때문이다.

나는 오랫동안 내가 원하는 일을 할 수 없는 상황이 계속되자 환경 탓을 하기 시작했다. 이 조직, 이 부서에 있어서 하고 싶은 일을 못 한다고 생각했다. 그런데 막상 원하던 대로 환경이 바뀌었는데도 일은 내가 바라는 대로 흘러가지 않았다. 결국 어디에 있든 기회를 잡는 것은 자신이 어떻게 하느냐에 달려 있다.

기회는 처음부터 '기회'라는 모습으로 굴러들어오지 않는다. '지금 생각해보니 그게 기회였어'라고 생각되는 작은 계기가 기회로 이어지는 것이다.

일상 속의 작은 계기가 되는 실마리를 찾는 요령이 있다. 이 실마리는 대체로 '머리로는 하는 편이 좋다는 것을 알지만, 행동으로는 옮기지 않은 일'이다. 그것은 인상에 남는 자기소개를 궁리하는 일일지도 모르며, 세미나에서 맨 앞자리에 앉은 덕분에 강연자와 대화를 나눌 기회를 얻는 것일지도 모른다.

이렇게 **창피한 기분이 드는 행동이 기회로 이어지는 이유는 타인 또한 당신처럼 창피하다는 이유로 그 행동을 하지 못하기 때문**이다. 창피한 감정을 넘어서서 행동할 수 있다면 사소한 실마리가 기회로 바뀐다.

우리는 행동했을 때 '일어날지도 모르는 불행한 결말'과 '얻을 수 있는 이득'을 놓고 마음속으로 저울질하면서 눈앞에 지나가는 사소한 계기를 잡을지 말지 판단한다. 그러다 결국 불행한 결말을 상상하고는 창피함을 견디지 못해 손을 뻗으면 닿았을 계기를 마치 처음부터 보지 못한 척한다.

하지만 만약 불행한 결말이 일어난다고 해도, 우리가 잃는 것은 매우 적다. 당신은 과거에 참가한 세미나에서 누가 맨 앞자리에 앉았고, 어떤 질문을 했는지 기억하는가?

마음속 저울

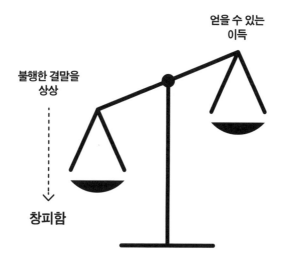

얻을 수 있는
이득

불행한 결말을
상상

창피함

반면, 행동으로 옮기면 당신의 상황은 분명 달라진다. 지금까지 연설자와 청강자라는 일방적 관계는 질문 하나로 쌍방 관계로 바뀐다. 그럼에도 첫발을 내딛지 못하는 것은 창피함이 우리의 냉정한 판단을 가로막고 있기 때문이다.

 창피함은 기회를 발견하는 표식이다

당신이 시작하지 못하는 진짜 이유

새해에 다짐한 목표를 그해 안에 달성하는 사람은 8~10퍼센트밖에 안 된다고 한다. 누구나 실행하는 편이 좋다는 것은 알지만 실제로 하지 못한 일들이 많을 것이다. 그것은 자격증 취득처럼 커리어에 도움이 되는 공부일지도 모르고, SNS 활동일지도 모른다. 실천하지 못한 채 연말이 되고 나서야 시간이 부족해서, 재료가 모자라서 같은 핑곗거리를 찾는다.

하지만 **우리가 실행에 옮기지 못한 진짜 이유는 이런 것들이 아니다. 사실은 마음 깊은 곳에서 '하고 싶지 않다'고 생각하기 때문**이다.

'나도 마음만 먹으면 할 수 있어!' 주변에 누군가가 성과를 냈을 때 마음속으로 이렇게 생각한 적 없는가? 이런 마음이 사실 우리가 시작하지 못하는 이유 중 하나다.

언제든 할 수 있다고 생각하지만, 실제로는 '하기 싫다'는 마음 때문에 시작하지 못하는 것이다. 실행했을 때 '해봤는데 잘 안 됐어'라고 결말나는 것이 무섭기 때문이다. 즉 일부러 시작하지 않고 결과도 모른 채로 끝내고 싶은 것이다.

우리는 '나도 마음만 먹으면 할 수 있어'라는 가능성을 남겨 두면서 자신을 안심시킨다. 그래서 **행동에 나서기 가장 어려운 순간은 '하면 된다는 가능성'을 버리고 첫발을 내딛는 때다.**

나 또한 똑같은 생각을 했다. 영업직은 프로듀서, 즉 팀을 통솔하는 역할이기 때문에 직접 기획하는 일은 드물다. 나는 줄곧 이런 상황을 '이용'해서 '나도 기획할 기회만 온다면 잘할 수 있어'라고 생각했다.

그랬던 내가 개인 프로젝트를 시작하면서 바뀌기 시작했다. 실제로 행동에 옮겨보니 생각보다 일이 잘 풀리지 않을 때도 있었고, 반대로 잘 풀릴 때도 있다는 것을 알았다. 그전까지 내가 기획을 하지 않았던 것은 잘 풀리지 않는 모습을 보여주고 싶지 않았기 때문이다. 나는 스스로 일을 만들어 기획해보면서 비로소 첫걸음을 뗄 수 있었다.

 첫걸음을 떼고 나면 다음은 쉽다

막상 시작해도
지속하지 못하는 이유

새롭게 결심한 공부나 운동을 시작했다가 오래가지 못하고 작심삼일로 끝나고 마는 사람도 많을 것이다. 우리는 '시작'이라는 큰 벽을 뛰어넘었음에도 왜 '지속'하지 못하고 좌절하고 말까?

기대했던 성과가 나오지 않을 때 우리는 시작한 일을 지속하지 못한다. **당신이 계속해서 실천하지 못한 것은 노력이나 의지가 부족해서가 아니다. 가장 큰 이유는 당신이 세운 목표가 너무 거창했기 때문이다.** 목표에 성과가 따르지 않으면 자신감을 잃을 뿐이다. 목표를 거창하게 세울수록 그 길이 길고 험해지기 때문에 지속하기 어렵다.

터무니없이 높은 목표를 세우는 사람은 자신에게 엄격한 사람이다. '나는 이렇게 해야만 해' '나는 이 정도 성과를 내야만 해'라고 결정해버리는 것이다. 다른 사람이 보기에는 순조로운 듯 보여도 기대했던 성과가 나오지 않으면 '해봤는데 실패했어'라고 자신에게 딱지를 붙여버리는 것이다. 이렇게 '실패'라는 딱지가 붙은 행동을 계속해서 실천하기는 쉽지 않다.

거창한 목표 때문에 지속하지 못하는 사람은 창피함을 기피하는 사람이다. 기준에 도달하지 못하면 창피함을 느끼기 때문에 아직 과정을 거치는 중인데도 '실패했다'고 미리 결론지어버리는 것이다. 어떤 일이든 '아직 시행착오를 겪는 중이니까'라고 생각하면 지금 당장 성공하지 못하는 일도 창피한일이 아니다.

유례없는 재능과 엄청난 연습량을 자랑하는 프로 야구 타자의 타율도 3할밖에 되지 않는다. 한 번의 성공 뒤에는 두 번의 실패가 존재한다는 뜻이다. 게다가 타율 3할이 넘는 선수는 일본 프로 야구 역사에도 스물다섯 명밖에 없다. 이 수치를보면 우리가 항상 실패를 맛보는 것도 납득이 갈 것이다.

"아이디어가 전혀 떠오르지 않아요"라고 말하는 후배는 재능이나 센스가 없는 것도, 노력이 부족한 것도 아니다. 자신에게 엄격하고, 남들이 화들짝 놀랄 만한 기획을 찾고 있기에 '아이디어가 없다'고 말하는 것이다. 자신의 기준에 부합하지 않는 것들을 '아이디어'라고 부르기 부끄럽기 때문이다.

이런 상태가 계속된다면 기획을 생각하는 시간은 고통이 되고, 좋은 아이디어도 떠오르지 않는 늪에 빠지고 만다. 하지만 작은 깨달음이나 사소한 개선점도 훌륭한 아이디어다.

작은 것을 떠올리고 개선점을 찾아낸 자신을 칭찬해주자. 그러면 다음 개선점을 발견하는 일이 즐거워질 것이다.

우리는 자신의 기준에 부합하지 않는 나 자신을 수용하면서 앞으로 나아갈 수 있다.

지금 불가능한 것은 결코 창피한 일이 아니다

이불킥을 하더라도
자신을 혐오하진 말자

요즘 들어 '앞으로는 행동력 있는 사람만이 살아남는다'라는 문구를 자주 본다. 그런데 이렇게 앞날을 예측하기 힘든 시대에 누가 자신의 미래를 대비하며 행동할 수 있을까?

'당연히 하는 편이 좋지만, 좀처럼 실천하기 쉽지 않다.' 실제로는 이렇게 생각하는 사람이 대다수가 아닐까?

새로운 일에 도전하려고 할 때 가장 피해야 하는 생각은 행동으로 옮기지 못하는 자신을 혐오하는 것이다. 자신을 부정적으로 여기는 감정이 행동력을 빼앗는다.

행동하지 못한 자신을 책망하면 오히려 행동하기가 더 어려워지면서 본말이 전도된다. 행동력을 높이기 위한 대책을 아무리 찾아도 실천이 쉽지 않은 것은 당연한 일이다. 행동하지 않는 자신을 미워하지 말자.

창피함은 지금의 나와 이상적인 나의 간극 사이에 숨어 있다. 현실과 이상의 차이가 크면 클수록 창피함도 더욱 커진다. 즉, 자기 부정적 감정이 강해지면 창피함도 덩달아 커지게 되는 것이다.

자기를 부정하는 감정이 강해졌을 때 억지로 긍정적이려 할 필요는 없다. 실천하지 못하는 자신의 모습도 수용할 줄 아는 '자기 수용력'이 생기면 마음은 점차 안정될 것이다. 사실 이것은 '뭐, 어때'라는 식의 긍정적 포기이기도 하다. 자기 수용력이 생기면 창피함을 극복할 수 있다. '이상적인 나'라는 머나먼 목표에서 '지금의 나'라는 현실로 돌려놓는 작업인 것이다.

기준치에 미달해서 생기는 창피함도, 꼴사나운 모습을 보이고 싶지 않다는 창피함에 대한 두려움도 '뭐, 어때' 하면서 수용하면 극복해낼 수 있다. 이것은 노력과 개선이 필요 없다는 이야기가 아니다. 지금 당장은 불가능한 자신을 수용하면서 어떻게 앞으로 나아갈지 생각하자는 것이다.

부끄러운 마음에 회의에서 말하지 못한 일, 기껏 참여한 세미나에서 질문하지 못한 일, 참여하고 싶은 프로젝트에 손을 들지 못한 일, 모르는 것을 아는 체한 일 등……. 밤이 되고 나서야 나는 왜 그때 행동하지 못했을까 하면서 자신을 책망하

창피함은 더욱 커진다

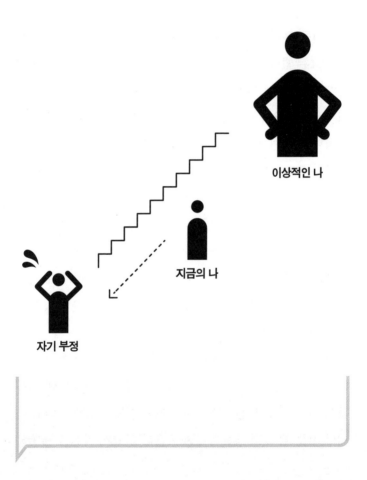

이상적인 나

지금의 나

자기 부정

지 말자. 그런 자신을 창피하게 여기지도 말자. 행동하지 못한 자신을 혐오해서는 안 된다. 우리는 그동안 하지 않았던 행동을 갑자기 할 수 없다. 그렇게 한 번에 바뀔 수 있다면 그 누구도 고생 따위는 하지 않을 것이다.

 창피함을 극복하는 것은 지금의 나를 받아들이는 데서 시작된다

평생 끝나지 않는
'완벽한 준비'

실천하기도 전에 "아직 준비가 덜 되어서"라고 말하는 사람이 있다. 우리 인생에서 '준비가 충분히 된 순간'은 영원히 오지 않는다. 시작하기 전에 '준비는 완벽하다'고 생각할지라도, 정말 필요한 것은 대부분 나중에 떠오르는 법이다. **해보지 않은 사람의 준비는 당연히 불충분할 수밖에 없다.**

예를 들어, 취미생활을 공유하기 위해 유튜브 채널을 만들려는 계획이 있다고 하자. 그런데 카메라나 조명, 편집하기 위한 컴퓨터와 프로그램 등의 기자재를 모두 모아 시작하려고 하면 아무리 시간을 들여도 시작할 수 없다. 기자재를 모으기 위해서 대체 얼마나 많은 시간과 수고가 들까? 요즘은 스마트폰 하나로 영상을 촬영하고 편집하는 사람도 많다. 준비가 다 될 때까지 기다리다가는 영영 시작도 해보지 못한다.

언제까지고 '준비가 덜 됐다'고 느끼는 것은 애매한 상태로 도전하는 자신의 모습을 보이는 게 창피하기 때문이다. 무방비한 채로 도전해서 실패하는 게 두려운 것이다. 하지만 해본 적 없는 일이라면 당연히 실패할 수밖에 없다. 그러니 '아직 준비가 덜 됐는데'라고 생각하는 자신의 상태를 받아들이는 일부터 우선 시작해보자.

이런 준비를 즐기는 사람에게도 기쁜 소식이 있다. 세상은 준비과정을 지켜보는 것에 관대하다. 요즘은 준비과정도 콘텐츠로 소비된다. 텔레비전처럼 콘텐츠를 내보내는 시간대, 채널 등이 정해져 있던 시대에는 각각의 콘텐츠가 잘 완성되어 있어야 했다. 돈과 시간을 들여 준비한 '성과'를 발표하는 장으로 기능했던 것이다. 하지만 인터넷과 SNS의 발전에 따라 콘텐츠를 내보내는 시간대와 채널에 제한이 없어지면서 미디어는 준비한 '성과'를 보여주는 장일 뿐 아니라 준비'과정'을 공유하는 장으로 발돋움했다.

예를 들면, 패션 업계에는 전 세계 관계자들을 모아 시즌별로 준비한 옷을 보여주는 패션쇼가 있다. 그런데 지금은 패션 유튜버가 자신이 디자인한 옷을 제작과정부터 공개하면서 판매까지 한다.

음악 업계도 상황은 다르지 않다. 최근에 화제가 되었던 니지 프로젝트^{Nizi Project}는 오디션 과정을 인터넷에 공개했고, 데뷔곡은 유튜브에서 공개한 첫날 천만 회나 재생되었다. 이제 '데뷔'는 '시작'이 아닌 것이다.

준비와 실전은 다른 과정이 아니다. **준비와 실전은 이어져 있다.** 우리도 도전해보자. 준비와 실전을 나누어 생각하지 말고, 일단 해보면서 품질을 향상시켜보자. 어차피 완전히 준비된 상태는 평생 찾아오지 않는다.

 준비과정을 공유하며 일단 시작해보자

잘해서가 아니라
부족해서 강점이 된다

"당신의 강점은 무엇인가요?" 취직이나 이직 면접 자리에서 가장 많이 나오는 질문이다. 하지만 이 질문에 자신감 있게 대답할 수 있는 사람이 대체 얼마나 될까? 이렇게 질문하는 면접관조차 본인의 강점을 모를 것이다.

우리는 자신의 강점에 대해 좀처럼 대답하지 못한다. 강점은 찾는 것이 아니라 스스로 만드는 것이기 때문이다. 강점을 만드는 데에는 두 가지 단계가 필요하다. 우선 '강점' 파악하기, 그리고 '강점' 공표하기.

자신에 대한 일은 사실 스스로가 가장 잘 모른다. 우리는 만물을 자신의 기준으로 바라본다. 기준이 된 자신의 특징을 객관적으로 설명해보라고 한들 그 방법을 알 수 없다. 자신의 강점을 아무리 찾아보려고 해도 답은 나오지 않을 것이다. '타인과 자신을 비교'해보아야만 비로소 강점을 파악할 수 있다.

위^{Wii}와 닌텐도DS의 창시자인 닌텐도 4대 사장 이와타 사토루는 "나의 강점은 가방끈이 짧지만, 사람들이 나에게 감사해주는 것"이라고 말했다. 높은 투자 비용 없이 주변 사람들이 나에게 감사해주는 것 또한 강점이다. 다른 말로 표현하자면 강점이란 타인과 함께 있을 때의 내 역할이다. 즉 강점은 내가 있는 환경에 따라 바뀌는 상대적인 가치다.

예를 들어, 그동안 내가 잘했던 분야라고 생각했던 일인데도 부서가 바뀌자 좀처럼 잘하지 못한다고 느낄수도 있다. 적성에 잘 맞는 부서로 이동해서 좋았지만, 생각한 만큼 활약하지 못했다면 분명 환경에 따라 강점이 바뀌었기 때문일 것이다. 영업 부서에서는 기획을 잘하는 영업 사원으로 활약했지만, 기획 부서에 들어가자 주변 사람 모두 나보다 기획 면에서 선배였다. 즉 '강점'에는 변동 요소가 무척 많다.

마케팅에는 포지션 전략이라는 개념이 있다. 상품과 브랜드를 어떤 인격으로 소비자에게 인지시킬 것인지에 대해 생각하는 개념이다. 이미 경쟁이 치열한 시장에 진입하는 경우, 비슷한 신제품을 내면 후발 주자는 고전을 면치 못할 것이다. 이처럼 자신을 상품으로 생각해보자. 어느 부분에 나를 포지셔닝해야 이득이 될지 고려해보는 것이다. 더 쉽게 설명하면,

비어 있는 자리를 찾으라는 것이다.

나는 'PR 아키텍트'라는 직함을 스스로 만들어냈다. PR과 관련된 기획을 설계한다는 의도로 만든 이름이다. 크리에이티브 부서로 이동했을 때, 주변 선배들에 비해 광고 문구도 기획도 생초보에 가까웠던 나는 당시에 내가 있을 자리를 찾지 못했다. 그래서 우리 팀에는 SNS와 인터넷으로 커뮤니케이션을 하는 역할이 없다는 사실을 알아냈다. 잘하기 때문에 강점이 된 것이 아니라 내 역할을 강점으로 만든 것이다.

> ✓ **'강점'은 상대적인 것. 빈자리를 찾아보자**

적이 가까울수록,
분명해지는 내 편

SNS를 해보라고 권유하면 사람들은 "불특정 다수의 눈이 신경 쓰여요"라고 말한다. 모르는 사람들은 나를 어떻게 볼까? '관종'으로 보지는 않을까? 머리가 나쁘다고 생각하진 않을까? 기분 나쁘다고 흉보진 않을까? 우리는 이렇게 세상과 사회라는 이름으로 타인의 반응을 상상하며 움츠러든다.

하지만 사회와 세상이라고 불리는 존재는 그래봤자 실체가 없는 객체의 집합일 뿐이다. 당신의 인생과 직접 얽힐 일은 없는 사람들이 대부분이다. **우리를 진정으로 위축시키는 것은 이름도 얼굴도 모르는 타인이 아닌, 당신도 잘 알고 있는 주변인이다.**

새로운 일에 도전하려고 할 때 가장 먼저 머릿속을 스치는 얼굴은 잔소리 많은 선배, 짜증 나는 동기, 부정적인 친구 같은 주변인들이다. 위험 요소는 없냐고 묻지는 않을지, 싫은 소리를 듣는 것은 아닌지, 뒤에서 욕을 하고 다니지는 않을지 걱정된다. 당신의 도전이 주변에서 해보지 않은 일이라면 더욱 눈에 띌 것이다. 결국 주변의 시선을 의식한 나머지, 당신은 창피함을 느낀다.

당신의 도전에 찬물을 끼얹는 사람이 있다면 거리를 두자. 그들의 눈을 의식해서 도전을 포기한다고 해도 당신의 인생을 책임져주는 사람은 없다. 당신이 그만두지 않고 도전해서 성공하거나 실패할지라도, 그들은 당신이 도전했던 일조차 기억하지 못할 것이다. 도전이라는 선택을 하면 우리에게는 반드시 경험이라는 성과가 따라온다. 반대로 포기를 택하면 우리에게는 아무것도 남지 않는다.

그런데 이런 '반대파'의 존재가 항상 나쁜 것만은 아니다. 그들의 존재는 우리를 응원해주는 동료를 찾아내는 필터가 된다. 내가 어떤 일을 할 때 주변은 응원해주는 사람과 그렇지 않은 사람으로 나뉜다.

내가 해외에서 화제가 된 광고를 트위터에 소개하기 시작했을 때도 주변의 시선이 신경 쓰였다. 아직 실적도 없는 내가 이런 일을 할 자격이 있을까? '그런 거 할 시간 있으면 업무나 똑바로 하라'는 말을 듣지는 않을까? 누구도 하지 않은 말을 나 홀로 상상하면서 잔뜩 위축되어 있었다.

그런데 상상과는 다른 결과가 기다리고 있었다. 회사에서 지나치는 사람들이 나에게 응원의 목소리를 보내주었다. 일부러 메일을 보내주는 사람도 있었다. 그전까지는 교류가 없었던 선배와도 소통하게 되었다. 응원해주는 진정한 동료가 나타나기 시작한 것이다. 그리고 동시에 누가 응원해주지 않는지도 명확히 알게 되었다.

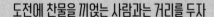

도전에 찬물을 끼얹는 사람과는 거리를 두자

누구나 사람들 앞에서 창피를 당한 경험이 한 번쯤 있을 것이다. 그 경험이 상처로 남아 시간이 지난 지금도 행동으로 나서는 데 필요한 용기를 빼앗고 있을지도 모른다. 사람에 따라서는 그 상처가 심하게 남아 트라우마로 남기도 한다. 이처럼 창피한 기억이 당신의 행동력을 빼앗는 때가 있다.

창피한 기억이 골치 아픈 것은 실제 사건에 '창피 필터'가 더해져 기억이 조작되기 때문이다. 자신의 실패를 모두가 비웃었던 기억이 있는가? 그런데 그때 정말로 '모두'가 비웃고 있었을까? 정말로 당신의 실패를 '비웃었을까?' 그 사건 당시에 함께 있었던 사람에게 한번 물어보자. 대부분의 사람은 그런 일이 있었던가 하며 고개를 갸웃할 것이다.

자신에게는 강렬히 남아 있는 창피한 기억이라도 타인은

오히려 기억하지 못하는 경우가 많다. 당신이 기억하는 타인의 '창피한 실패담'은 얼마나 많은가?

창피함을 느낀 경험이 트라우마가 되어 지금도 당신의 용기를 빼앗고 있다면 대처법이 있다. 첫 번째는 편지를 쓰는 것, 그리고 두 번째는 우스갯소리로 만들어버리는 방법이다.

창피함을 겪은 당시의 나에게 편지를 적어보자. 당시 상황을 떠올리면서 바로 옆에 내가 있다면 뭐라고 말해줄지 생각하는 것이다. 실제로 문장으로 적어보면 객관적으로 그 상황을 받아들일 수 있다. 이 작업을 통해 비로소 마음의 짐으로 남아 있던 '창피 필터'를 벗겨내고 당시 상황을 제대로 바라볼 수 있게 된다.

지금의 내가 과거의 나에게 건네는 말은 사실 스스로도 알고 있던 답이다. "너는 나쁘지 않아. 신경 쓰지 마." 하지만 직접 글로 써보면 기분이 한결 나아질 것이다.

두 번째로 우스갯소리로 만들기는 창피함을 이겨내는 데 무척 효과적인 방법이다. 자기 자신이 그 경험을 웃으면서 넘기면 당시의 자신 또한 받아들일 수 있기 때문이다. 또, 실패담은 타인의 호감을 얻는 가장 빠른 방법이기도 하다.

트라우마라고 부를 정도로 강렬한 경험을 한 사람은 그 경험이 자신의 행동 지침에 강한 영향을 주고 있을 것이다. 그 경험을 웃어넘길 수 있는 해프닝으로 만들 수만 있다면 당신을 상징하는 새로운 자기소개가 탄생할지도 모른다. 아직은 과거의 창피한 기억을 받아들이기 힘들다면 SNS에 그 경험을 공유해보자. 생각지도 못했던 공감을 얻을 수 있을 것이다. 창피함에 고통받는 것은 비단 당신뿐만이 아니다.

 창피한 기억 속의 나에게 지금의 당신은 어떤 말을 건넬 것인가?

창피도 함께 나누면
팀의 성과가 된다

창피함이라는 감정은 개인이 행동하는 용기를 빼앗아 갈 뿐 아니라 팀의 생산성에도 영향을 끼친다. 구글이 팀의 생산성에 대해 사내 조사를 한 결과, '생산성이 높은 팀'에 공통적으로 나타난 것은 강력한 리더십도, 효율적인 작업과정도 아닌 '심리적 안전성'이었다. 회의에 참여한 직원이 거리낌 없이 이야기할 수 있는 심리적 안전성, 즉 '누구나 창피함을 무릅쓸 수 있는 환경'이 팀의 생산성에 크게 기여하고 있는 것이다.

광고 기획은 창피함과 싸우는 일의 연속이다. 신입도 선배도 똑같이 저마다의 창피함과 부딪힌다. 신입은 경험이 없어서 느끼는 창피함이 있고, 선배는 경험치가 높아서 느끼는 창피함이 있다.

광고 일은 우선 자신의 기획을 타인에게 보여주는 데서 시작한다. 이때, 기획에 반영된 자신의 감성과 미의식을 드러내게 된다. 회의에서는 잘 모르는 전문 용어가 난무하더라도 '프로의 얼굴'을 하고 있어야만 한다. 영상 감독, 디자이너 등 나보다 경험이 풍부한 외부 전문가에게 디렉션이라는 형태로 지시와 요청을 해야 하기 때문이다. 내 디렉션이 믿음직하지 못하면 부정당하거나 혼나거나 무시당하기 쉽다. 서로 좋은 결과물을 내기 위해 무척 필사적이기 때문이다.

자신감이 흔들리는 순간에는 존경받아야 한다는 마음을 꼭 버려야 한다. 자신이 없을 때는 더욱 고집스럽게 자신의 의견을 관철하게 되기 때문이다. 의견을 고집하면 결국 팀에서 대립이 생긴다. 자신이 없을 땐 솔직히 그 마음을 전하면서 상대방과 상의하는 것이 가장 좋다.

심리적 안전성이 담보되지 않은 상태가 지속되면 팀 멤버들이 생각을 공유하지 않게 되어 위험에 빠지기 쉽다. 창피당하지 않기 위해 '저 사람이 그렇게 말했으니까'라며 의사 결정을 남의 탓으로 돌려버리거나, '이걸 제안한 건 내가 아니야' '이걸 정한 건 내가 아니야'라는 식으로 책임을 전가해버리는 것이다. 이른바 '사고 정지'라고 불리는 상태다.

아이디어란 결코 특별한 것이 아니다. 모두의 지혜와 궁리의 집합체가 아이디어다. 심리적 안전성이 담보되지 않으면 사고는 정지하고, 지혜와 궁리를 모을 수 없게 되어 충분한 논의와 검증이 이루어지지 않은 채 결과물이 세상에 나오게 된다. 검증이 부족한 결과물은 세상에 나오면 그 조잡함이 눈에 띈다. 이것은 비단 광고뿐 아니라 제품 개발, 신규 비즈니스 등 어떤 일이라도 같다.

팀을 성공으로 이끄는 것은 창피를 무릅쓸 수 있는 환경이다. 신입 사원은 자신감을 가지고 자신이 생각한 아이디어를 말할 수 있어야 하며, 그것은 곧 팀에도 도움이 된다. 그리고 팀의 심리적 안전성을 만드는 것은 선배들의 몫이다. 심리적 안전성을 확보하는 것은 팀으로 움직이는 데 가장 중요한 일일지도 모른다.

안심하고 창피를 무릅쓸 수 있는 환경이 조성되면, 각자 자발적으로 지혜를 짜내어 프로젝트가 잘 굴러가게 될 것이다.

 팀원 모두가 창피를 무릅쓸 수 있는 환경을 만들자

거대한 바위처럼 보여도
딛고 나면 돌부리일 뿐

노력하다 보면 언젠가는 누군가가 자신의 진가를 알아줄 것이라는 생각은 환상에 지나지 않는다. 안타깝게도 기다리기만 해서는 '누군가'도 '언젠가'도 오지 않는다. 모든 사람에게 평등한 기회가 주어지지 않는 부조리한 사회에서 당신보다 먼저 창피함을 무릅쓰고 행동하는 사람이 기회를 자신의 것으로 만들고 있다.

한편으론 창피함을 무릅쓰기 힘든 시대가 된 것도 사실이다. SNS에서 타인의 평가가 수치화되고, 전 세계 사람들의 성공이 가시화되면서 자신의 평범한 일상을 비교하며 우월감과 열등감을 느끼기가 쉬워졌다. 게다가 잘 보이기 위해서 나를 과장하거나 허상을 만들기도 한다. SNS에는 지금 그런 환상 같은 '나'가 넘쳐나고 있다. 유명인의 실언이나 실패는 절대

그냥 넘어갈 수 없고, 사회 전체가 필요 이상으로 이들을 질책하면서 우리는 자신의 언동 또한 제한하게 된다. 창피를 무릅쓰는 일에 소극적일 수밖에 없는 환경이다.

하지만, 창피함이 앞길을 가로막은 거대한 바위처럼 느껴진다면 그것은 당신이 지금까지 한 적 없는 새로운 일에 도전하고 있다는 증거다. 첫걸음을 내딛기 두려운 것은 그것이 '하면 된다는 가능성'을 버리는 순간이기 때문이다. 한번 손을 대는 순간부터 '내가 진심으로 하면 될 텐데'라는 변명은 통하지 않는다. 실패했을 때, 그 결과를 직시해야만 한다. 하지만 첫걸음을 디디면 '왜 그렇게 고민했었지?'라는 생각이 들 것이다. **첫발을 내딛는 용기로 당신은 '해본 적 없는 사람'에서 '해본 적 있는 사람'이 된다.**

지금까지 거대한 바위라고 느꼈던 창피함이라는 심리적 장벽은 사실 살짝 발에 걸려 넘어질 뻔한 돌부리에 지나지 않는다. 처음 걷는 자갈길이라면 작은 돌부리에도 걸려 넘어지기 쉽다. 초행길에서는 방향이 맞아도 무언가 불안하기 마련이다. 하지만 다음에 같은 길을 걷는다면 어려움 없이 걸을 수 있다.

시점이 바뀌면 창피함이라는 기준도 바뀐다. 어린 시절을 이집트에서 보낸 나는 내가 주변 사람들과 다르다는 것이 창

발을 내딛기 전

창피함

내디딘 후

창피함

피했다. 학교에 주먹밥을 가져가자 아이들이 웃었고, 그다음 날부터는 샌드위치를 싸달라고 어머니께 부탁했었다. 25년 후 나는 해외의 구글에서 단기로 일할 기회가 생겼다. 언어도 문화도 비즈니스 방식도 다른 곳에서 일하면서 느낀 것은 주변인과 다르다는 사실은 창피한 게 아니라 또 다른 가치가 된다는 점이었다. 다른 경험과 언어, 문화를 가진 것만으로도 타인에게 신선한 시점을 제공할 수 있다. 내 창피함의 원인이었던 '다름'은 벽이나 돌부리가 아닌 무기였다.

이 골치 아픈 창피함이란 감정을 받아들일 수 있게 되면 우리는 다양한 기회를 얻을 수 있다. 다음 3장에서는 이를 받아들이기 위해 창피함을 객관적으로 세분화해 분석을 진행한다. 우리 앞에 어떤 창피함이 기다리고 있을지 미리 알게 된다면 거대한 바위처럼 보였던 것도 돌부리로 보일 것이다. 처음부터 돌부리라고 생각한다면 처음 가는 길이라도 곧장 걸어갈 수 있다.

 창피하다는 감정을 뛰어넘으면 나는 비로소 새로운 내가 된다

III.

〜〜〜

창피함에
맞서기 위한
나만의
관점 키우기

창피함은 나이와 경력을
따지지 않는다

1장과 2장에서는 '창피함'이라는 감정이 얼마나 골치 아픈 것인지를 설명했다. 이 골치 아픈 창피함이라는 감정을 받아들이기 위해 내가 가장 먼저 한 일은 내 안에 있는 창피함을 분류하고 이해하는 것이었다.

나는 창피함에도 여러 성질의 창피함이 있다는 것을 알았다. 사람들 앞에서 불안해서 부끄럽다고 느끼는 감정. 내 행동이 꼴사나워서 창피하다고 느끼는 감정. 거기에 자신의 성장 단계에 따라 성질은 또 달라진다. 창피함은 신입 사원이나 경험이 부족한 사람만이 느끼는 감정이 아니다. 선배이기에 느끼는 창피함도 존재한다.

'들어가며'에서도 언급했듯, **창피함에는 크게 여섯 종류가 있다.**

우선 창피함의 요인이 외부에 있는지, 자신의 내부에 있는

지에 따라 크게 달라진다. '주변에서 나를 이렇게 보았으면 좋겠어'라는 이상적인 나에 미치지 못 했을 때 느끼는 '외적 창피함'과 '나는 이래야만 해'라는 자신의 미학에 어긋날 때 느끼는 '내적 창피함'이다.

이 두 가지 창피함은 경험의 숙련도에 따라 각각 세 단계로 나뉜다. **새로운 일을 시작할 때 느끼는 '입문기 창피'**는 신입 사원이나 부서 이동 등으로 주변에 비해 나만 능력이 없다고 느낄 때 느끼는 창피함 등을 말한다. 다음으로는 **능숙해지기 위해 노력할 때 느끼는 '발전기 창피'**가 있다. 할 수 있는 일이 많아졌는데도 애써 노력하는 모습을 보이는 게 부끄럽거나, 다른 사람에게 협력을 부탁하기가 부끄러워지는 시기다. 마지막으로 **자신이 주변인보다 경험이 많을 때 느끼는 '숙련기 창피'**다. 이제 와서 모른다고 말하기 어렵고, 후배를 지도하는 일이나 사람들 앞에서 말할 기회가 늘면서 생기는 창피함이다.

이처럼 창피함은 젊은 세대만의 몫이 아니다. 경험치에 따라 그 성질이 바뀔 뿐, 오히려 경험이 쌓일수록 창피함의 벽은 더욱 강고해진다. 젊은 세대에 비해 연배가 있는 사람들이 자신의 잘못을 인정하지 않으려 드는 것도 그들이 느끼는 창피함이 더 크기 때문이다. 이런 사람을 만난다면 질책하지 않았으면 한다. 그들은 고집이 센 사람이라기보다 다른 사람보다

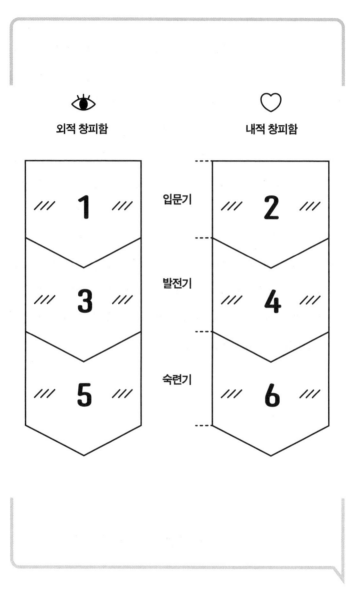

더 '창피함을 느끼는 사람'일 뿐이다.

이 책을 읽고 있는 젊은 세대들은 인생 경험이 풍부해 보이는 선배들도 창피함을 느끼는구나 하고 따뜻한 눈으로 바라봐주었으면 한다. 내 발표를 차분히 듣고 있는 듯이 보이는 선배들도 사실 마음속으로는 '어떻게 좋은 피드백을 해줄까'라든지, '지금 말한 단어가 뭔지 모르겠는데 물을 수가 없네'라고 생각하며 당신과는 다른 성질의 창피함을 느끼고 있을 것이다.

반면, 선배들도 '고집불통으로 보이는 부끄럼쟁이'가 되지 않도록 조심하자. 당신이 창피함을 받아들이지 못하는 이유는 창피함에 대한 공포심이 강하기 때문이다. 우리는 자신의 창피함뿐 아니라 상대방의 창피함을 이해함으로써 타인에게도 자신에게도 친절해질 수 있다.

 창피함은 경험과 성격에 따라 크게 여섯 가지로 나뉜다

'남들에게 어떻게 보일까?'를 신경 쓰는
외적 창피함

외적 창피함은 타인에게 '이렇게 보이고 싶다'는 이상에서 벗어났을 때 느끼는 창피함이다. '창피'라는 감정을 떠올렸을 때 생각나는 장면들은 대개 이 외적 창피함으로 분류된다.

예를 들어, 출발하려는 지하철에 겨우 몸을 욱여넣어 탄 뒤 괜히 멋쩍어져서 다른 칸으로 이동할 때, 송년회로 노래방을 갔을 때 분위기에 맞지 않는 선곡을 할까 봐 애꿎은 리모컨만 바라볼 때, 레스토랑에서 주문한 메뉴와 다른 음식이 나와도 깐깐한 손님으로 보일까 봐 아무 말 없이 먹을 때 등이 이에 해당한다.

우리는 역사상 가장 외적 창피함을 느끼기 쉬운 시대에 살고 있다. 스마트폰으로 전 세계 사람들과 소통할 수 있게 되면서 우리는 매시간 매초 외적 창피함과 싸운다. 이렇게까지 개인이 타인의 주목을 받고, 비교당하는 시대가 있었는가. 인터넷에 글을 올리는 순간부터 SNS에서는 실시간으로 '좋아요'와 댓글이 달린다. 몰라도 될 타인의 시선조차 가시화되고 있다. SNS로 매일 접하는 타인의 용모, 타인의 삶에 대한 부러움은 부메랑처럼 돌아와 나와 타인을 비교하게 한다.

외적 창피함은 사회 규율을 형성하는 데 일조한다. 조용한 곳에서 큰 소리로 떠들거나 공공장소를 전속력으로 달리는 사람이 없는 것도 주변의 눈을 의식하는 외적 창피함이 작용하기 때문이다. 창피함이 우리 생활을 쾌적하게 만들어주는 측면도 분명 있다.

외적 창피함은 주변에 의해 만들어지는 경우도 적잖다. 부모가 아이에게 "창피하니까 하지 마"라며 주의를 주는 순간이나 선배가 후배에게 "젊을 때는 창피함을 맛보는 게 좋다"고 조언하는 일, 비즈니스 서적 등에서 종종 볼 수 있는 '모르면 창피당한다'라는 불안감을 조성하는 말들. 이것들 모두 일방적으로 창피함을 강요하는 행위다. 이렇게 창피함을 강요당한 사람은 그전까지 창피하다고 느끼지 않았던 일들을 곱씹어보게 된다.

외적 창피함, 내적 창피함 중 어느 쪽을 더 느끼기 쉬운지는 사람마다 다르다.

외적 창피함을 느끼기 쉬운 타입은 타인의 눈을 신경 쓴 나머지, 무언가를 시작하는 첫걸음을 내딛지 못하는 경우가 많다. 주변의 반응을 상상하면서 행동하기 전부터 고민하는 것이다. 하지만 이런 사람은 타인의 감정을 우선할 줄 아는 다정한 성격이라고 볼 수도 있다. 타인과의 접점이 많고, '다른 사람에게 내가 어떻게 비치는지'를 항상 의식하는 사람으로, 영업직에 종사하는 사람들이 특히 많다.

내가 어떤 종류의 창피함을 느끼기 쉬운 타입인지를 이해하고 앞으로 나타날 창피함의 정체를 미리 안다면 용기를 내서 이를 극복할 수 있다. '행동한 뒤에 올 안 좋은 상황'과 '행동한 뒤에 얻을 이점'을 양쪽 저울에 올려놓고, 한쪽에 용기를 더해주기만 하면 된다. 지금까지 놓쳐왔던 기회들이 작은 용기를 계기로 어느 순간 우리 눈앞에 나타날지도 모른다.

 외적 창피함을 느끼는 사람은 '행동한 뒤에 올 이점'을 상상해보자

'나는 이래야 해!'라는 고집이 낳는 내적 창피함

다음으로는 창피함의 요인이 자신의 내면에 있는 '내적 창피함'에 대해 알아보자. '나는 이래야만 해'라는 자신의 미학에 어긋날 때 느끼는 것이 내적 창피함이다. 이 창피함은 이상적인 자신과 지금의 자신을 비교하면서 생겨난다.

항상 머릿속에 자신을 그리면서 일에 몰두하는 장인 기질이 있는 사람들이 내적 창피함을 느끼기 쉽다. 이런 사람들은 '나는 어떤 사람이어야 하는가'에 따라 행동 지침을 만들고, '자신만의 법칙'을 만들어 그 기준에서 벗어나면 창피함을 느낀다. 자신의 이상과 타협하지 않고 일을 진행하는 성격이기에 무언가를 설계하고 구현하는 사람들이 이에 해당한다. 디자인이나 IT 엔지니어 등의 직종에 이런 타입이 많다.

내적 창피함을 느끼기 쉬운 사람은 자신에 대한 기대치가 높은 사람이다. 이상적인 자신이 명확하게 존재하기 때문에 지금의 자신에게 있는 결점이 눈에 쉽게 들어오는 것이다. '저 자신이 싫어요'라고 말하는 사람은 사실 자기 자신이 싫다기보다는 스스로에 대한 기대치가 너무 높은 사람이다. 이런 사람은 100점 만점인 시험에서 80점대를 받았을 때 '80점이나 맞았네'가 아니라 '20점이나 틀렸네'라고 생각하는 타입이다.

내적 창피함의 원인이 되는 미학이란 '이래야만 해'라고 생각하는 자신만의 고집이다. 그리고 내적 창피함을 느끼는 순간은 이 '고집'을 자기도 모르게 버렸을 때다. 사실 하고 싶었는데 안 한 경우나 사실 하기 싫었는데 해버린 경우에도 자신을 꼴사납게 여기는 것이다.

내적 창피함을 느끼기 쉬운 사람은 오히려 외적 창피함을 느끼지 않는다는 특징이 있다. 자신의 행동 지침이 '나는 어떤 사람이어야 하는가'에 맞춰져 있어서 '사람들이 나를 어떻게 보는가'를 신경 쓰지 않고 행동하기 때문이다. 즉 주변의 눈을 의식하지 않고 새로운 일에 도전할 수 있는 성격인 것이다. 이런 점은 내적 창피함을 느끼는 사람들에게 오히려 무기가 된다.

내적 창피함을 유발하는 '이래야만 해'라는 미학은 업무 면에서 전문가로서 품질을 담보하는 데 중요한 역할을 한다. 하지만 내적 창피함은 나만의 고집에서 만들어진다는 점도 기억하자.

당신이 중요시하는 그 미학은 사실 다른 사람이 봤을 때 굳이 고집할 필요가 있을까 싶은 일들이다. 이 사실을 깨닫는 것이 내적 창피함을 극복하는 첫걸음이다. 나 자신뿐 아니라 주변에도 관심을 가지면 객관적으로 자신의 창피함을 바라볼 수 있을 것이다.

'이래야만 해'라는 나만의 미학은
타인에게 그다지 와닿지 않을지도 모른다

새로운 일을 막 시작한
사람들을 위한 조언

입문기 창피는 새로운 영역에 도전할 때 느끼는 감정이다. 일이 수월하게 풀리지 않으면 이상적인 자신과의 괴리로 부끄러움을 느낀다. 경험이 적은데도 무의식적으로 '존경받아야 해'라는 마음가짐으로 행동하면 실패하기 쉽다. 막 시작했을 때는 어쩔 수 없다. 이 단계에서는 어떤 창피를 당해도 괜찮다. 지금부터 입문기에 맞닥뜨리기 쉬운 창피함과 그 상황을 자세히 들여다보자.

(1)

나도 모르게
아는 체하게 된다

👁 외적 창피함을 느끼는 사람들에게

'그런 것도 모르니' 같은 반응이 두려운 외적 창피함 때문에 우리는 아는 체를 하고 만다. 아는 체의 최대 리스크는 당신이 알고 있다는 전제하에 업무가 진행된다는 것이다. "사실 묻는 게 부끄러워서 말을 못 했는데요"라고 솔직하게 몰랐다는 걸 이야기하자. 시간이 지날수록 상처는 깊어지기만 한다. 아무리 기다려도 적절한 때는 오지 않는다. **말을 늦게 꺼낼수록 "빨리 말했어야지"라는 반응이 돌아올 것이 뻔하다.** 지금이라도 늦지 않았다. 솔직하게 밝힐 용기를 낸 당신을 질책할 사람은 아무도 없다.

♡ 내적 창피함을 느끼는 사람들에게

모르는 것이 창피해서 아는 체하기로 한 당신은 그 때문에 새로운 지식을 배울 기회를 하나 놓치고 말았다. **'모르는 것이 있는 나'에게 창피함을 느낀 이상, 이렇게 기회를 놓치는 일 또한 반복될 것이다.** '막 시작했을 때라면 모르는 것이 당연하다'는 상식을 자신에게도 적용해보자. 아는 체는 당신만의 잘못이 아니다. 이야기를 한 상대방도 당신이 경험이 적다는 사실을 알고 있다면 그것을 염두에 두고 설명할 필요가 있었다. 그런 배려가 부족한 상대방을 위해서라도 모르는 것이 있다면 바로 물어보자.

(2)

예상치 못한 질문에
그럴듯한 대답을 지어낸다

👁 외적 창피함을 느끼는 사람들에게

생각지도 못한 질문을 받았을 때 당황해서 그럴듯한 말을 지어낼 때가 있다. '생각 없는 사람'이라는 딱지가 붙는 것이 두렵기 때문이다. 이때 당신의 태도에 따라 향후 당신이 신뢰받는 사람이 될지 아닐지가 결정된다. 명확한 답을 하지 못한다고 창피해하지 말자. **그럴듯한 대답을 지어내는 순간, 당신은 신뢰를 잃게 된다. 창피함이라는 감정에 신뢰를 빼앗겨서는 안 된다.** 아무리 허를 찌르는 질문이 와도 그 순간 당신이 확실히 말할수 있는 대답을 해야 한다. 대답이 생각나지 않을 때는 "그러네요. 그 부분은 전혀 생각하지 못하고 있었어요!"라고 말해도 좋다.

♡내적 창피함을 느끼는 사람들에게

그럴듯한 대답을 지어내면 내적 창피함이 얼굴을 내민다. '왜 그런 말을 해버렸을까'라는 생각이 든다면 당신은 아마 그럴듯한 말을 하면서도 후회하기 시작했을 것이다. 지금이라도 늦지 않았다. "……사실 그렇게 말했지만, 깊이 생각하지 않고 대답했어요"라고 말해보자. 익살스럽게 말하면 되는 문제다. 그 순간 필사적으로 말을 지어냈다는 것은 그만큼 당신이 해당 프로젝트에 진심이었다는 증거이기도 하다. 진심으로 임하는 일에서 신용을 잃는 일만큼 아까운 일도 없을 것이다.

모르는 일을
혼자서 해결하려고 한다

☙ 외적 창피함을 느끼는 사람들에게

무능한 자신의 모습을 남들에게 보여주고 싶지 않다는 외적 창피함 때문에 무엇이든 혼자 해결하려는 사람들이 있다. 책임감을 가지고 업무에 임하는 태도는 당연히 중요하지만, 사실 그 누구도 당신이 혼자서 해결하는 것을 기대하지 않는다. 모르는 일이나 해결이 어려운 일은 주변에 물어보도록 하자. 타인에게 모르는 것을 물어보면 타인도 당신의 지식과 경험의 수준을 가늠할 수 있다. 그러면 당신도 일하기가 더 수월해진다. 또, **혼자 고민하는 시간은 회사나 팀의 비용 낭비로 이어진다.** 이 비용은 당신이 창피함을 극복하기만 하면 절약이 가능하다. 비용 효율화를 위해서도 혼자서 해결하지 못하는 일은 다른 사람의 도움을 받도록 하자.

♡ 내적 창피함을 느끼는 사람들에게

혼자서 해결하지 못하고 타인의 도움을 받는다고 해서 '나는 아직도 미숙한 바보야'라고 생각하며 자책할 필요는 없다. 아직 성과를 낼 시기가 아닐 수도 있고 그런 때는 누구에게나 있다. 당신이 잘못된 것이 아니라 무언가를 막 시작했을 때, 즉 입문기라는 시기는 원래 그런 것이다. 타인의 도움을 받으면 상대방과 교류가 생길 것이다. **당신을 도와준 상대방이 곤란해할 때는 당신이 도움을 주면 된다.**

(4)

자신이 없어도
할 수 있는 척한다

❧ 외적 창피함을 느끼는 사람들에게

우리가 할 수 있는 척하는 것은 하지 못하는 자신의 모습을 타인에게 보이는 것이 부끄럽기 때문이다. 하지만 경험이 적은 시기에 '해본 적 없는 일'이 존재하는 것은 부끄러운 일이 아니다. 도전하는 것은 중요하지만, 할 줄 아는 척하는 것은 좋지 않다. "해본 적은 없지만 시도해볼게요." 이 한마디만 하면 당신에게 일을 맡긴 사람은 때에 따라 당신을 도와줄 수 있을 것이다.

♡ 내적 창피함을 느끼는 사람들에게

할 수 있는 척하는 당신은 '나는 못 한다'라는 자신의 상태를 인정하지 못하는 사람이다. **만약 당신이 '할 수 있는 척'을 계속하고 있다면 주변을 한번 둘러보자. 주변에는 분명 당신을 도와줄 친절한 사람들이 있을 것**이다. 그런 사람들을 발견하면 솔직하게 도움을 청하고 감사의 마음을 전해보자. 이 사람들은 당신의 창피함을 이해해주고, 아무런 불평 없이 당신 곁에 있어줄 사람들이다. 먼저 "이 부분이 어려운데, 도와주시겠어요?"라고 솔직히 말하는 연습부터 시작해보자. 그리고 이렇게 친절함을 베푸는 사람들을 잊지 말고 소중히 대하자.

정리

⬦⬦⬦⬦⬦⬦⬦⬦⬦⬦⬦⬦⬦

　입문기에는 '인정받아야지'라는 마음이 행동 양식에 영향을 미친다. 당신이 경험이 적다는 사실은 주위 사람들도 다 알고 있다. 그럼에도 창피함을 느낀다면 스스로가 그린 이상적인 나의 모습이 창피함을 극복하는 것을 방해하고 있기 때문이다. 하지만 무엇이든 막 시작했을 때는 어쩔 수 없는 일이 있다. 어깨에 힘을 빼고 솔직해져보자.

⬦⬦⬦⬦⬦⬦⬦⬦⬦⬦⬦⬦⬦

실력 향상을 위해 노력하는
사람들을 위한 조언

발전기에는 더 잘하려고 노력할 때 맞닥뜨리게 되는 창피함이 있다. '아직 못하는 것이 당연하다'는 사실이 전제 조건으로 깔린 입문기와 달리, 발전기에는 '어느 정도는 할 수 있는 상태'라는 전제를 강요받는다. 이때는 경험이 쌓이면서 주변의 기대와 자신이 설정한 기대치가 올라가서 창피함을 느끼게 된다. 하지만, 당신은 아직 노력하는 과정에 있다. 모르는 것도, 이해가 가지 않는 것도, 능숙하지 못한 것도 사실 당연하다.

1

이제 와서 못한다고
말할 수 없다

👁 외적 창피함을 느끼는 사람들에게

솔직해지기 어렵다는 점은 입문기와 유사하지만, 그 성질이 조금 다르다. 발전기에는 경험이 쌓이기 때문에 '어느 정도 경험이 있으니 이 정도는 알고 있는 게 당연하지'라는 자신만의 '상식'이 생기고 그로 인해 창피함을 느낀다. 입문기에 할 수 있는 척하다가 결국 할 수 있게 되는 기회를 놓치고 마는 것이다. 당신은 뭐든지 가능한 사람일 필요는 없다. 이럴 때는 눈 딱 감고 후배에게라도 방법을 물어보자. 완벽함을 추구하는 사람일수록 의외의 모습으로 비치기 때문에 이 기회를 통해 후배와 더 가까워질 수 있다. '이제 와서 모르겠다고는 말 못 하겠어'라는 생각은 시간이 지나면 지날수록 강해져 말하기가 더욱 힘들어지기 마련이다.

♡ 내적 창피함을 느끼는 사람들에게

사람은 나이가 들수록 '이래야 한다'는 조건을 많이 만든다. 규칙을 정하고, 그것을 토대로 살아가면 판단이 쉬워지기 때문이다. 하지만 규칙은 때로 자기 자신을 옭아맨다. 조직에서는 연차가 높아질수록 '선배는 본보기가 되어야 한다'는 강박관념이 생기기 마련이다. 발전기에는 '노력이나 기대 이상의 성과가 나오지 않는 것'을 받아들이기 힘들다. **하지만 당신은 아직 성장하는 과정을 거치는 중이다. 초조해하지 말자.**

2

내가 잘하는 일만
하고 싶다

👁 외적 창피함을 느끼는 사람들에게

할 수 있는 일이 늘어남에 따라 자신이 잘하는 일과 못하는 일을 구분할 수 있게 되는 것도 이 시기의 특징이다. 또한 경험이 쌓이면서 서투른 모습을 남에게 보여주고 싶지 않다는 외적 창피함도 강해진다. 하지만 서투른 자신의 모습을 '창피하다'고 생각하면 새로운 일에 도전할 수 없다. 도전할 때는 언제나 서투른 자신과 마주해야 하기 때문이다. 잘하는 일만 하는 것은 편하지만, 그렇다고 잘할 수 있는 일이 늘어나는 것도 아니다. '내가 못하는 일은 남에게 맡기자'라고 생각할 수도 있겠지만, 그런 일이 반복되면 당신은 지식과 견문 그리고 경험치를 쌓을 수 없을 것이다.

♡ 내적 창피함을 느끼는 사람들에게

할 수 있는 일, 잘하는 일만 하면 마음이 편하다. 무능력한 자신을 마주할 필요가 없기 때문이다. 하지만 이러한 방식이 계속되면 생각 이상의 성과를 낼 수 없다는 사실을 알아야 한다. **처음부터 '이건 내가 잘할 수 있는 분야가 아니야'라며 포기한다면 당신은 아직 발견하지 못한 가능성과 만날 기회를 놓치고 마는 것이다.** 나중에는 다른 사람에게 맡겨도 좋다. 잘하는 분야가 아니더라도 자신만의 가설을 세워 궁리해보기만 해도 당신의 지식과 견문은 넓고 깊어질 것이다.

(3)

타인의 성과를
인정하고 싶지 않다

👁 외적 창피함을 느끼는 사람들에게

노력하고 있을 때야말로 주변의 성과가 신경 쓰인다. 열심히 하고 있을 때, 같은 영역에서 나보다 눈에 띄는 성과를 올리는 사람이 있다면 '나도 이렇게 노력하고 있는데 왜 저 사람만 성과를 내지?' 하는 질투심에 마음이 복잡해질 수 있다.

지금 신경 쓰이는 사람이 있다면 그는 분명 당신과 나이나 역할이 비슷한 사람일 것이다. 그런데 그 사람이 10년 후에도 당신과 같은 커리어를 쌓고 있을지는 알 수 없는 일이다. **진정한 라이벌은 당신의 시야 안에 들어와 있는 사람이 아니라 아직 만나지 못한 누군가다.** 지금 당신이 바라보고 있는 사람의 업적에 일희일비할 때가 아니다.

♡ 내적 창피함을 느끼는 사람들에게

성공한 사람들도 어느 날 갑자기 성과를 낸 것이 아니라 보이지 않는 곳에서 노력을 거듭한 끝에 성공한 것이다. 내적 창피함이 강한 사람이 타인의 성과를 인정하기 힘들어하는 것은 자신의 성과를 과소평가하고 있기 때문이다. 내적 창피함을 느끼는 사람은 자신의 성과보다는 못한 부분에 눈이 가기 마련이다. 이럴 때는 **내가 어떤 성과를 내왔는지 한번 되돌아보자.** 자신의 프로필을 200~300자 정도로 정리해보는 것도 좋다.

노력하는 모습을
타인에게 보이기 싫다

👁 외적 창피함을 느끼는 사람들에게

　노력하는 모습을 타인에게 보이는 것이 창피하다는 사람들이 있다. 이런 유의 창피함은 노력하는 것이 '당연'했던 입문기보다 발전기에 느끼는 경우가 많다. '일부러 노력하는 모습을 보여 어필한다' 혹은 '충분한 경험이 있는데도 아직도 노력하지 않고는 못 해내나' 같은 냉소적인 시선을 받지 않을까 걱정하면서 창피함을 느끼는 것이다. 하지만 노력하는 모습을 보여주지 않으면 기회의 손실로 이어진다. 실력 향상을 위해 애쓰는 시기에는 **당신이 앞으로 어디를 향할 것인지 타인에게 그 과정을 보여주어야 한다.**

♡ 내적 창피함을 느끼는 사람들에게

내적 창피함을 느끼는 사람이 노력하는 모습을 보이고 싶지 않은 경우는 두 종류가 있다. 먼저, 애써 노력하지 않아도 완벽히 일 처리를 하는 자신을 이상적인 모습으로 삼는 경우다. 이런 사람은 자신에 대한 기대치가 높고, 망상에 가까운 이상을 품고 있는 경우가 많다. 경험은 있지만 아직 노력하지 않으면 안 되는 미숙한 자신을 인정하고 싶지 않은 것이다. 두 번째는 노력하는 모습 자체를 꼴사납다고 생각하는 경우다. 이런 사람은 먼저 사람을 보는 눈부터 바꿀 필요가 있다. **타인의 행동을 보고 '볼품없다'라는 낙인을 찍는 사고방식이 거울이 되어 자기 자신을 비추는 것이다.**

(5)

주변에 협력을
부탁하지 못한다

👁 외적 창피함을 느끼는 사람들에게

잘하려고 애쓰는 때인 발전기에는 주변의 협력을 얻는 것이 효율적인 성장 방법이다. 그러나 우리는 타인에게 "가르쳐주세요" "도움이 필요해요"라고 솔직히 부탁하기가 어렵다. 타인의 시간과 노력을 내달라고 부탁하는 일이 어려운 당신은 타인의 감정을 우선할 줄 아는 다정한 사람이다.

하지만 **앞으로 나아가기 위해 노력하는 당신에게는 타인에게 협력을 구할 권리가 있다.** 만약 부탁하는 것이 어려운 분위기라고 느낀다면 그것은 당신이 타인의 눈을 멋대로 상상해 만들어냈기 때문이다. 조금만 용기를 내서 친한 사람에게 부탁해보자. 아마 그 사람은 흔쾌히 당신을 도와줄 것이다.

♡ 내적 창피함을 느끼는 사람들에게

내적 창피함이 강한 당신은 스스로 해내기 위해 고집을 부리는 사람이다. '혼자서 무엇이든 해낼 수 있는 사람이 되어야 해'라는 생각에 타인의 도움을 받는 것을 '패배' 혹은 '실패'라고 받아들이고 만다. 당신은 자신에게 너무 의지하는 경향이 있다. 관점을 바꿔보자. 타인의 도움을 받는 일은 정보 공유로 이어질 수도 있다. 선배의 도움을 받으면 당신의 노력과 성과를 그 과정부터 공유할 수 있다. 후배의 도움을 받으면 당신의 지식과 견문, 노하우를 후배에게 알려줄 수도 있다. 누군가의 도움을 받는다는 것은 때로 도움을 준 사람에게도 이득이 된다. 혼자서 뭐든지 할 수 있다는 마음이 반드시 미덕인 것만은 아니다.

정리

◇◇◇◇◇◇◇◇◇◇◇◇◇◇◇◇◇◇

후배이기도 하며 선배이기도 한 발전기는 여러모로 고민이 많은 시기다. 불안감으로 가득한 입문기를 거쳐 경험을 쌓아 자신감이 붙은 때이기는 하지만, 자신감과 불안감의 저울은 아주 사소한 일로 그 균형이 깨지고 만다. '나 좀 잘하네'라고 생각하면 방심한 탓에 실수를 저지른다. 반대로 언제까지고 신입 사원처럼 일한다면 주변 사람들은 당신을 '믿음직하지 못한 직원'이라고 생각할지도 모른다. 보통 한 업무를 담당하기 시작해서 3~5년 차에 접어든 사람들이 마주하는 시기다.

당신은 아직 성장하기 위해 노력을 거듭해야 하는 과정에 있다는 것을 잊어서는 안 된다. 모르는 일, 이해 가지 않는 일, 못하는 일이 있는 것이 당연하다. 만약 발전기 창피에 압도되어 무너질 것 같을 때는 이 말을 눈 꽉 감고 내뱉어보자. "모르겠어요. 가르쳐주세요."

◇◇◇◇◇◇◇◇◇◇◇◇◇◇◇◇◇◇

주변보다 경력이 오래된 사람들을 위한 조언

숙련기 창피는 다른 사람들보다 선배가 되었을 때 느끼는 창피함이다. 창피함은 신입 사원들만 느끼는 것이 아니다. 실패하면 안 되는 입장에서 주변의 눈을 의식한 나머지 외적 창피함은 더욱 강해지고, 일에 대한 미학도 확고해져 내적 창피함을 느끼기도 쉬워진다. 나이와 경험이 쌓일수록 사람은 자신의 생각과 감정을 솔직히 내보이기 힘들어진다. 기쁘지만 솔직하게 고맙다고 말하지 못하고, 내가 잘못했는데 솔직하게 사과하기가 쉽지 않다. 나이를 먹을수록 우리는 본심을 내보이는 것을 부끄럽다고 여기면서 감정을 숨긴다. 창피함은 점점 커다랗게 엉겨 붙어 마음과 행동을 비틀어놓는다. 경험이 많을수록 무의식적으로 존경받아야 한다는 마음이 커지는 숙련기 창피는 솔직해지는 게 어려운 만큼 무척이나 골치 아프다. '능력이 있기에 할 수 없다'고 느끼는 숙련기 창피는 입문기, 발전기에 있는 사람들이 이해하기 어려운 특수한 감정이다. 그렇기에 더더욱 솔직해지는 게 중요하다.

솔직하게
사과하지 못한다

외적 창피함을 느끼는 사람들에게

틀리게 말하거나, 그 상황을 모면하기 위해 대충 둘러댈 때 우리는 당혹감을 느끼며 고민한다. '정정해서 다시 말하는 게 좋을까' '그런데 이제 와서 뭐라고 해' 같은 생각을 무한 반복하면서 다음 대화는 머릿속에 들어오지 않는다. 틀렸다는 사실만으로도 창피한데 그걸 다시 정정하다니, 이중고가 아닐수 없다. 특히 연장자는 존경받아야 한다는 생각 때문에 꼴사나운 모습을 보여주고 싶지 않아 한다. 하지만 사실은 스스로도 잘 알고 있다. 솔직히 사과하는 편이 더 낫다는 것을. **'존경받는 선배보다 사랑받는 선배가 되기 위해서는 어떻게 하면 좋을까?'** 라는 질문에 모든 대답이 들어 있다. "아까는 제가 말을 잘못 했네요. 정정할게요"라고 솔직히 말하면 당신은 사랑받는 선배가 될 것이다.

♡내적 창피함을 느끼는 사람들에게

　당신이 신입 사원이었을 때, 이와 같은 상황에서 솔직하게 사과하지 못하는 선배를 보고 '나는 저런 선배가 되지 않겠어'라고 다짐한 경험이 한 번쯤은 있지 않을까? 그런데 막상 그 자리에 와서 보니, 마음과 행동이 일치하지 않으면서 의도와는 다른 행동을 취하게 될 때가 생긴다는 걸 깨닫는다. '솔직하지 못한 사람'이 되고 싶은 사람은 없다. 만약 자신의 언동에 후회가 생긴다면 다음에라도 괜찮으니 이렇게 말하자. **"저번에는 미안했어. 창피해서 솔직해지지 못했네"** 이렇게 지금 당신이 떠안고 있는 창피함에 대해서 이야기하는 것이다. 닮고 싶지 않았던 선배의 모습을 답습하지 않기 위해 나의 창피함을 드러내자.

(2)

마음에 안 들면
곧장 화가 난다

👁 외적 창피함을 느끼는 사람들에게

사람들은 대개 자신의 위치를 위협받을 때 화를 낸다. 화를 냄으로써 자신의 창피함을 회피하고, 상대방을 공격하면서 자신의 체면을 지키는 것이다. 사람들 앞에서 부하를 질책하는 상사는 분노로 자신의 존재 가치를 증명하려고 한다. 분노로 상대방을 제압하고 자신이 우위에 서면서 인정 욕구를 충족하려는 측면도 있다. 부하의 성장을 위한다면 따로 주의를 주면 그만인 일이다. 상대방을 질책하는 사람은 상대방이 반격할 수 없다는 사실을 알고 상하관계를 만드는 속 좁은 사람이다. **쉽게 화를 내는 사람은 언뜻 보면 자신만만해 보이지만, 사실은 타인과의 상하관계를 항상 신경 쓰고 있다.** 화를 자주 낸다면 스스로 '나는 자신이 없어요'라고 큰 소리로 떠들고 있는 것임을 염두에 두자.

♡ 내적 창피함을 느끼는 사람들에게

화를 잘 내는 사람은 자신에 대한 기대치가 특히 높은 사람이다. 이상이 높기 때문에 자신의 독자적인 기준을 충족하지 못하는 상대방에게도 화가 나는 것이다. **이상에 미치지 못하는 자기 자신에게 창피함을 느낄 뿐 아니라, 그 기준을 상대방에게도 강요하는 셈이다.** 분노로 상대방의 심리를 압박하는 일은 말할 것도 없이 부적절하다. 주변에서는 화를 내는 당신의 모습을 차가운 눈으로 바라본다는 것을 자각해야 한다. 하지만, 관점을 바꿔보면 당신은 분노를 느낄 정도로 자신의 미학을 믿고, 스스로의 이상을 실현할 능력이 있는 사람이다. 그 능력을 올바르게 활용하자.

(3)

후배를 지도, 지적하는 것을
주저하게 된다

👁 외적 창피함을 느끼는 사람들에게

조직에서 연장자가 되면 신입 사원이나 후배를 지도하는 기회가 늘어난다. 사원 교육 프로그램에서 강사로 나설 때도 있을 것이다. 지도를 하는 것은 용기가 필요한 일이다. **'평범한 내가 다른 사람을 지도해도 될까' 하고 불안할 것이다. 이런 감정은 언뜻 겸손처럼 보이지만, 결국 자신이 어떻게 비치는지 신경 쓰고 있다는 뜻이다.** 내가 지도한 사람이 나를 나쁘게 생각하지 않았으면 좋겠다는 마음이다. 상대방이 나를 존경하지 않아서 내 지도가 헛수고로 끝나는 게 두렵다는 마음이기도 하다. 하지만 당신은 강사를 맡을 정도로 경험을 쌓아온 사람이다. 당당하게 지도하자. 미리 알았더라면 피할 수 있었던 실패나 실수가 있을 것이다. 그들보다 먼저 앞서갔던 당신의 길을 들려주기만 해도 후배들에겐 큰 의미가 있을 것이다.

♡ 내적 창피함을 느끼는 사람들에게

내적 창피함이 강한 사람은 잘난 체하는 자신의 모습을 보는 것이 창피해서 지도나 지적을 어려워하는 경향이 있다. 교육이나 강의 의뢰가 왔다는 것은 당신이 이미 그럴 만한 경험을 충분히 쌓았다는 주변 평가가 있기 때문이다. 그런데도 창피함이 앞선다면 이렇게 생각해보았으면 한다. 당신을 위해서가 아니라 후배들을 위해서 창피를 무릅쓰자고. 젊은 세대들이 실전 현장에서 창피당하지 않기 위해 앞장서서 창피를 무릅써보자. 후배를 향한 지도나 지적은 당신이 그들을 위해할 수 있는 창피 수업인 셈이다.

(4)

분위기를 띄우기 위해
타인을 조롱한다

👁️외적 창피함을 느끼는 사람들에게

타인을 깎아내리며 웃음을 유발하는 '조롱'은 타인의 마음에 창피함을 심는 위험한 행동이다. 자신이 회의나 대화 중에 분위기를 만들어야 한다고 생각할수록 타인을 놀리는 경향이 있다. 이것은 분위기를 만들어야 한다는 책임감을 조롱받는 대상에게 떠넘기는 행위이기도 하다. 상대방에 대한 악의 없이 놀린다는 점에서 무척 골치 아프다. 그때그때 눈에 들어온 것들, 주로 외모나 복장 등을 대상으로 한다는 점도 상당히 고약하다. '분위기를 띄우기 위해서' 혹은 '모두 함께 이야기할 주제를 제공하기 위해서' 같은 의도로 한 말이지만, 그 말을 들은 상대방은 그 순간부터 창피함을 느낀다. **웃음거리를 만들려면 상대방이 아닌 자신을 낮추어 이야기하자.** 창피함을 남에게 강요해서는 안 된다.

♡ 내적 창피함을 느끼는 사람들에게

타인을 놀리는 행위는 타인에게 창피함을 심어주는 비도덕적인 행위다. 여기에는 변명의 여지가 없다. 이 행위를 후회하면서 스스로 내적 창피함을 느낀다면 그것이 유일한 희망이자 구원이다. 만약 최근에 '그런 일을 한 것 같은데' 하고 짚이는 구석이 있다면 당사자에게 먼저 사과하자. 당신은 악의를 가지고 놀리지는 않았을 것이다. **"사실 멋지다고 생각했는데, 이야깃거리가 끊길까 봐 나도 모르게 놀렸네. 미안해"라고 행위의 원인을 제공한 자신의 약점을 인정하며 사과해보자.** 이것으로 두 사람의 관계는 그전보다도 분명 더 두터워질 것이다.

(5)

이제 와서 새로운 일을
시작하기가 어렵다

👁 외적 창피함을 느끼는 사람들에게

새로운 일에 도전할 때 느끼는 창피함은 숙련기에 가장 주의해야 하는 외적 창피함이다. 입문기나 발전기처럼 뭐든지 도전할 수 있었던 때와는 달리, 지금의 위치나 나이에 새로운 일에 도전하는 것은 창피하다고 여긴다. 다른 영역에 도전하면 사람들이 지금 하는 일에 '실패'했다고 여기는 건 아닐지, 또는 프로가 되지 못한 애매한 사람으로 보는 건 아닐지 두려워하며 새로운 도전을 주저하는 것이다. 이러한 생각은 당신이 지닌 새로운 가능성을 빼앗는다. 새로운 영역으로의 도전은 '첫걸음'이 아닌 '계속된 걸음'이다. 첫걸음이라고 생각하면 망설여지지만, 새로운 도전을 한다고 해서 지금까지 쌓은 커리어가 무너지지는 않는다. **경험을 쌓아온 당신이 내딛는 다음 걸음은 더 이상 '첫걸음'이 아니다.**

♡ 내적 창피함을 느끼는 사람들에게

새로운 도전에 내적 창피함을 느끼는 사람은 도전하는 자신의 모습을 꼴사납게 여긴다. 지금까지 실적을 잘 쌓아왔다는 자신감이 당신을 방해하는 것이다. 여기까지 어떻게 왔는데, 또다시 애쓰는 자신의 모습을 더 이상 보고 싶지 않은 것이다. 하지만 앞으로는 한 가지 일만 해서는 안락한 삶을 보낼 수 없다. 혹시 '이제 와서 나 따위가'라는 생각을 한다면 그것은 오히려 기회다. 왜냐하면, 다른 사람들도 모두 비슷한 이유로 행동하지 못하고 있기 때문이다. 결국, 당신이 창피함을 느낀 곳에는 아직 기회가 있을 가능성이 크다. 내적 창피함을 느끼는 사람들은 오히려 외적 창피함에 강하다. **사람들이 주변의 시선 때문에 행동하지 못할 때, 내적 창피함을 극복하기만 하면 당신에게는 새로운 기회가 기다리고 있다.**

정리

◇◇◇◇◇◇◇◇◇◇◇◇◇◇

선배 역할을 하는 숙련기에는 주변과 스스로의 기대가 크기 때문에 창피함을 극복하는 데에 큰 용기가 필요하다. 이때의 창피함은 '능력이 있기에 할 수 없다'는 조금은 특수한 경우여서 아무래도 입문기와 발전기에 있는 사람들은 이해하기가 어렵다. 그 결과, 분위기 파악을 못 하는 '안타까운 아저씨, 아줌마'가 되는 경우도 적잖다. 하지만 이런 당신도 사실 창피함을 두려워하는 귀여운 존재다. 용기를 내서 창피함을 사람들에게 드러내면 당신도 '귀여운 면이 있는 선배'가 될수 있다. '저런 선배는 되지 말아야지'라고 생각했던 일들을 떠올리며 혹시 내가 그 선배와 닮아 있는 건 아닌지 스스로 체크해보자.

◇◇◇◇◇◇◇◇◇◇◇◇◇◇

창조적인 일을 하는 사람이
느끼는 열등감

'나는 내가 싫어'라고 생각하는 사람은 억지로 자기 자신을 좋아하려고 노력하지 말자. 겸손을 미덕으로 여기기 때문이기도 하지만, 실제로 "저는 제가 좋아요"라고 자신 있게 말할 수 있는 사람은 많지 않을 것이다. SNS에 스스로에 대한 글을 올리는 사람들은 '나는 나를 무척 사랑하는 사람이야'라고 표현하는 것처럼 보이지만, 모두 그렇다고 할 수는 없다. 매일 그런 글을 올리는 이유는 자신을 긍정적으로 바라봐주었으면 하고 바라기 때문이다(적어도 나는 그렇다). 반면 "저는 제가 싫어요"라고 말하는 것도 외적 창피함 혹은 내적 창피함이 원인이다.

외적 창피함이 원인인 경우에는 타인의 좋은 면과 자신의 나쁜 면을 비교하면서 스스로를 엄격하게 판단하고 있다. 주위 시선 때문에 겸손하게 "저 자신이 싫어요"라고 말하면서 정말 스스로를 싫어하게 된 경우도 적잖을 것이다. 이러한 발언은 나중에 타인이 자신에게 실망하거나 자신을 싫어하게 되었을 때, 혹은 타인에게 평가를 받을 때 상처받는 게 두려워 자신이 먼저 '스스로가 싫다'고 말하는 것이다.

내적 창피함이 원인인 경우에는 자신에 대한 이상이 너무 높기 때문이다. "저 자신이 싫어요"라고 말하는 이유가 자신에 대한 이상이 높기 때문이라는 것은 어찌 보면 모순적으로 보일 수 있다. 하지만 이런 경우, 자신에 대한 과도한 기대에 부응하지 못하는 스스로가 싫은 것이다. 이런 사람들은 성실하고 책임감이 높아서 스스로를 평가 절하한다. 문제가 생겼을 때 관계자 모두에게 잘못이 있었을지라도 이런 사람은 '내 탓이야'라며 자신을 책망한다.

누구나 어떤 부분에서는 열등감을 느끼고 산다. 하지만 열등감은 노력의 원동력이 되기도 한다. 나는 입사 후 희망한 부서에 배치되지 못했을 때, 선배에게 "센스는 갈고닦는 거야"라는 말을 듣고 용기를 얻었다.

광고뿐 아니라 창조적인 일을 하는 사람들은 날 때부터 재능을 쥐고 태어나는 것처럼 보인다. 하지만 사실 보이지 않는 곳에서 스스로를 갈고닦고 있다. 세련되고 화려해 보이는 업계에서 일하는 사람일수록 사실 열등감에 휩싸여 있는 경우가 많다.

　억지로 자기 자신을 좋아하려고 할 필요는 없다. 자기 긍정이 아니라도 자기 수용이 가능하면 된다. 자신이 싫은 사람은 특별히 싫은 부분을 창피해하지 말고 드러내보자. 콤플렉스가 있다면 자신을 소개할 때 이야깃거리로 삼아보자. 낯을 가린다면 첫 만남에 "저는 엄청나게 낯을 가려요"라고 말하면 된다. 당신이 싫다고 생각하는 당신의 특징을 드러내면 다른 사람은 그것을 재미있는 매력 포인트로 받아들일 수 있다.

나의 싫은 부분을 창피해하지 말고 드러내보자

지금의 나를 받아들이는
긍정적 포기

억지로 자기 긍정감을 높이려고 하지 말자. 창피를 무릅쓰기 위해 필요한 것은 자기 자신을 향한 '긍정적 포기'다. 아직 능력이 안 되는 일을 창피하게 여기면서 현실에 안주하면 우리는 앞으로 나아갈 수 없다. 우리가 목표로 하는 것은 '자기 긍정감 높이기'가 아니다. **억지로 자기 긍정감을 높이려고 하면 창피함만 더욱 커질 수 있다.**

내적 창피함을 느끼기 쉬운 사람이 억지로 자기 긍정감을 높이려고 하면 자신에 대한 기대치를 더 높이게 된다. 자기 긍정감을 높이려고 하는 순간부터 우리는 지금의 나를 부정하게 된다. 결국, 자신에 대한 기대치와 현재의 나 사이에 간극이 더 커지면서 자신에 대한 부정적인 감정이 강해지고 마는 것이다.

창피함은 더 커진다

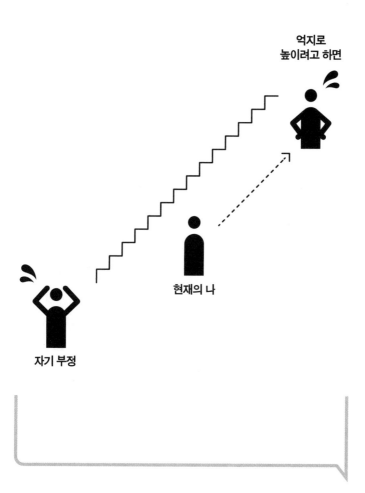

우선, 포기해보자. 우리에게 필요한 것은 자신을 좋게 평가하는 자기 긍정감이 아닌, 자신의 좋은 면도 나쁜 면도 받아들이는 '자기 수용'이다. 한마디로 '뭐, 어쩔 수 없지'라는 긍정적 포기다. 그리고 당신을 소중히 대해주는 사람들을 귀하게 여기자. 가족, 친구, 연인 누구라도 좋다. 당신의 좋은 면도 나쁜 면도 받아주는 사람들은 당신이 스스로를 받아들이는 데 큰 도움을 준다. 타인에게 더 관심을 가져보자. 자신의 이상만을 좇는 사람은 좋든 나쁘든 자기에게만 관심이 있다. 내 주변에 있는 사람들은 이미 나를 도와주는 조력자일지도 모른다.

외적 창피함을 느끼는 사람은 타인이 가진 것 중에서 나에게 없는 것을 세고 있다. 저 사람은 되는데 나는 안 돼, 저 사람은 좋은 평가를 받는데 나는 그렇지 않아, 저 사람은 팔로워 수가 많은데 나는 적어. 이처럼 타인에게는 있지만 나에게는 없는 것들을 찾으면서 고민한다. 타인이 가진 것에 시선을 빼앗기면 내가 가지고 있지 않다는 사실에 사고가 멈춰버린다. 결국 내가 가진 것을 어떻게 활용할 것인지는 생각하지 못한다.

이런 사람은 우선 스마트폰을 내려놓자. 스마트폰으로 접하는 정보는 타인과 나를 비교하는 요인이다. 나아가 SNS 앱을 스마트폰에서 지우는 것도 하나의 방법이다. 스마트폰에서 특정 앱의 사용 시간을 제한하는 것도 가능하다. 질투심을 유발하는 사람이 있다면 그 사람의 SNS를 팔로우하지 말자. 차단하는 것도 좋다.

타인과 비교하는 요소를 일상생활에서 제거해나가면 나에게 집중할 수 있는 시간이 생긴다. 그러면 **지금 내가 가진 지식과 경험으로 할 수 있는 일을 찾아보자.** 내 지식과 경험을 다른 사람들에게 공유하자. 다른 사람에게 공유함으로써 나 자신의 경험과 능력을 파악할 수도 있다.

자기 긍정감을 억지로 끌어올리려고 하지 말자

타인의 창피함을
대하는 자세

창피함을 이해하는 일은 사람을 이해하는 일로도 이어진다. 우선, 자신이 외적 창피함과 내적 창피함 중 어느 쪽을 더 느끼기 쉬운 타입인지 생각해보자. 외적 창피함을 느끼는 사람은 주변의 시선을 의식하는 게 옥의 티인데, 그만큼 주변인의 생각을 민감하게 탐지해 행동할 수 있다. 내적 창피함을 느끼는 사람은 이상이 높아서 주변인에게도 본인과 같은 수준의 노력과 성과를 요구한다. 하지만 그렇기에 팀을 카리스마 있게 끌고 갈 수 있다. 자신의 특성을 잘 이해하면 창피함도 긍정적으로 활용할 수 있다. 자신이 느끼기 쉬운 창피함의 성질이 바뀐다면 그것은 입문기에서 발전기, 숙련기를 모두 경험했다는 증거다. 경험은 없어지지 않는 유일한 자산이다.

자신의 창피함뿐 아니라 타인의 창피함에 대해서도 이해해보자. 창피함은 타인을 이해하는 데 있어 크나큰 역할을 한다. 갑자기 화를 내거나 고집을 부리거나 사과하지 않는 등 지금까지 당신이 '이해 불가'라고 생각해온 타인의 행동 이면에는 창피함이 작용하고 있다. 상대를 지배하고 있는 창피함을 이해하면 우리는 그 감정을 건드리지 않도록 행동할 수 있다. 그리고 상대방이 어떤 창피함을 느끼기 쉬운지에 따라 그 사람을 대하는 방식이나 조언 방법도 달라진다.

외적 창피함을 쉽게 느끼는 선배가 있다면 그들에게 의지해보자. 이들은 주변의 시선을 신경 쓰는 소심한 사람들이므로 주변인에 대한 자신의 위엄이 사라질까 걱정한다. 즉 당신도 이들의 창피함을 자극하는 요소다. 그러니 이런 사람에게는 자주 찾아가 업무를 상의하거나 보고하면 상대방의 심리적 안전성이 높아져 지금까지보다 더 좋은 관계를 형성할 수 있다.

내적 창피함을 쉽게 느끼는 선배와는 적당한 거리감을 두자. 이상이 높은 사람이기에 간혹 당신에게도 그 기준을 강요하려고 할 수 있다. 본인의 기준에 부합하지 못할 때 화를 내기도 한다. 그럴 때는 당신의 잘못이 아니라는 사실을 마음에 새기자. 그 사람은 스스로의 이상을 지키기 위해 화를 낼 뿐이다.

외적 창피함을 느끼는 후배는 지켜주도록 하자. 주변의 놀림감이 되거나 창피를 강요당하는 일이 없도록 보살펴주자. 비난은 선배인 내가 앞장서서 받도록 하자. 항상 팀으로 움직이면 개인이 받는 창피함도 줄어든다.

내적 창피함을 느끼는 후배는 외부로 시선을 돌릴 수 있게 도와주자. 실패하거나 생각만큼 성과가 나지 않았을 때도 "네 잘못이 아니야"라고 다독이며 외부 요인으로 시선을 돌려주자. 이 과정을 통해 본인 스스로 짊어진 이상이라는 속박에서 조금은 벗어날 수 있을 것이다. 한편, 내적 창피함을 강하게 느끼는 사람은 주변 시선을 신경 쓰지 않기 때문에 오히려 외적 창피함은 잘 느끼지 못한다. 이런 사람들에게는 새롭게 도전할 수 있는 환경을 만들어주면 의욕에 차서 성장을 거듭할지도 모른다.

상대방이 어떤 창피함을 느끼기 쉬운 사람인지 파악하는 것은 아주 간단하다. "최근에 창피했던 일이 있나요?" 하고 물어보면 된다. 그 이야기가 주변인을 의식하면서 생긴 창피함이라면 외적 창피함을 느끼는 타입이고, 저 자신이 창피했어요, 라고 말한다면 내적 창피함을 느끼는 타입이다. 그럼 당신이 최근에 가장 창피했던 일은 무엇인가?

 나의 창피함뿐 아니라 타인의 창피함을 알면 인간관계가 쉬워진다

IV.

~~~

창피한 마음을
이기면,
그것이 바로
성공의 신호

스스로 책임지고
도전하고 있다는 증거

창피함을 느끼지 않을 수 있는 방법이 한 가지 있다. 그것은 남 탓을 하는 것이다. "그 사람이 그렇게 말했어" "정해진 일이니까"라며 자신의 책임을 회피하고 남 탓을 하면 우리는 창피함을 느끼지 않아도 된다.

스스로 생각하지 않고 판단하지 않으며 남이 시키는 대로 행동하면 우리는 창피할 일이 없다. 지시나 판단을 모두 선배나 상사에게 맡긴다면 중대한 과실이 발생해도 '내 잘못은 없어' '내가 정한 일이 아닌걸' 하고 생각할 것이다. 우리는 책임을 회피함으로써 창피함이라는 감정에서 벗어날 수 있다.

회의에서 발언하지 않는 것도, 사람들 앞에서 질문하지 않는 것도 모두 창피함을 느끼지 않기 위해 책임을 회피하는 행위다. 내 발언과 결정에 따랐을 때 일이 잘 풀리지 않으면 창피를 당하는 건 내 자신이다. 만약 당신이 그 업무의 책임자였다면 모르는 일이나 이해가 가지 않는 일을 무시할 수 있었을까? 어떻게든 성공시키기 위해, 모르는 일을 묻기 위해 필사적으로 돌아다녔을 것이다.

스스로 책임지지 않으면 우리는 창피당할 일이 없다. 긍정적으로 생각해보자. 만약 지금 당신이 창피함을 느낀다면 그것은 당신이 남 탓을 하지 않고 '스스로 책임지고 있다'는 뜻이다. **창피함은 스스로 생각하고 책임지면서 도전하고 있다는 증거다.** 이렇게 생각하면 창피함이라는 감정을 긍정적으로 바라볼 수 있지 않을까?

창피함은 우리 앞길을 막는 방해꾼이 아니다. 창피함은 열심히 노력한 사람에게만 수여되는 노력의 훈장이다.

'최근에 창피했던 기억이 없는데'라고 생각했다면 조금 더 책임이 필요한 업무를 맡는 것도 좋다. "이거 저한테 맡겨주세요"라는 한마디로 족하다. 맡은 일이 대형 프로젝트일 필요는 없다. 부하 직원을 몇 명씩 거느릴 필요도 없다. 간단한 자료 정리라도, 누구나 할 수 있는 작업이라도 괜찮다. 일에 책임감이 더해지면 당신은 그 일을 대충 처리할 수 없어진다. 왜냐하면, 엉터리로 일하는 건 창피하니까. 진심으로 일하고자 하는 사람에게 창피함이 부여된다. 이제 창피함이 조금은 긍정적으로 보이기 시작했을까?

'창피를 무릅쓰는 사람'은 응원받는 사람이다. 누구나 창피 당하고 싶지 않다고 생각하는데도 스스로 책임지고 행동하기 때문이다. 남 탓이나 하며 창피당하지 않으려고 하는 사람을 응원하는 사람은 없다. 응원받는 힘은 창피를 무릅쓰는 사람만이 가질 수 있는 능력이다.

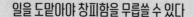

일을 도맡아야 창피함을 무릅쓸 수 있다

누구나 돈 들이지 않고 할 수 있는 투자

창피함은 도전하고 있다는 증거다. 도전에는 창피함이 수반된다. 요컨대 창피함은 새로운 경험과 기술을 손에 넣기 위한 '비용'이라고 할 수 있다.

무슨 일이든 원하는 것을 얻기 위해서는 창피함이라는 비용이 발생한다. 화제의 신제품이나 새로운 비즈니스를 보고 '이거 나도 생각했었는데'라는 생각을 한 번쯤 해봤을 것이다. 즉 아이디어는 누구나 떠올릴 수 있다. 그 아이디어를 실현하기 위한 작업이 가장 어렵고 힘든 것이다. 자신의 아이디어를 설명하고 설득하고 사람들을 끌어모아 실현하기 위해 전진하는 과정에서 창피함이라는 비용을 낸다. 아이디어를 머릿속으로 생각하기만 하면 당연히 누구의 눈에도 띄지 않고 창피함도 느끼지 않는다.

창피함을 무릅쓰는 행위는 누구나 돈 들이지 않고 할 수 있는 투자다. 창피함을 비용으로 생각하면 새로운 경험이나 기술을 손에 넣기 위한 긍정적인 요소로 느껴질 것이다. 모두가 스마트폰을 가지고 있고 SNS로 1인 미디어가 될 수 있는 전 국민 발신 시대가 되어가고 있다. 새로운 일에 도전하는 물리적 부담은 낮아진 반면, 타인의 평가가 수치화, 가시화되어 심리적 부담은 더 높아졌다. 우리는 앞으로 100세 시대를 살아가게 된다. 그 삶 속에서 지금의 업무와 기술과는 관계없는 일을 하게 될지도 모른다. 누구나 지금 당장 무료로 새로운 경험과 기술을 손에 넣을 수 있는 방법은 바로 '창피함을 무릅쓰는' 투자를 하는 것이다.

우리가 창피함을 회피하려는 이유는 창피함을 무릅쓴 성과가 바로 나타날지 아닐지 알 수 없기 때문이다. 창피함이라는 비용을 눈앞에서 지불했지만, 곧장 눈에 보이는 소득이 있을지는 알 수 없다. 투자 효과가 불투명한데도 창피를 무릅써야 한다는 스트레스 때문에 '수지가 안 맞는다'고 느끼는 순간, 창피함을 회피해버리는 것이다.

만약 지금 창피함을 느낀다면, 선행 투자했다고 생각하자. 지금 느끼는 창피함은 미래의 내가 앞질러 가면서 남긴 창피함이다. 심리적 부담이 가장 큰 첫걸음을 미래의 나를 대신해 지금의 내가 내디뎠다고 생각하자. 숙련기에는 입문기나 발전기보다 지불해야 할 창피함의 비용이 더 커진다. 창피함도 미리미리 투자하는 편이 나중에 더 유리하다.

사람은 창피함에 면역이 생긴다. 창피함에 미리 익숙해지면 이후에는 같은 창피함으로 받는 고통이 사라진다. 이를 통해 미래의 우리는 지금보다도 더 적극적으로 도전하는 체질이 되어 있을 것이다.

 **누구나 지금 당장 무료로 시작할 수 있는 투자,
그것은 창피를 무릅쓰는 일**

능력이 아니라
태도로 싸워라

나와 타인을 비교하고 마는 특성이 있는 외적 창피함을 느끼기 쉬운 사람들에게 해줄 수 있는 조언이 있다. '능력으로 싸우지 마라. 태도로 싸워라'.

능력은 상대적이다. 능력을 갈고닦는 것은 커리어를 쌓는 데 무척 중요한 과정이지만, 여기에는 엄청난 맹점이 있다. 사람의 능력은 상대적이라는 것이다.

"이 사람이 더 잘해, 저 사람이 더 능숙해." 이렇게 능력은 비교하기가 쉽다. 가령, 지금 내가 소속한 조직에서 다른 사람보다 어떤 분야에서 더 뛰어난 능력을 지녔다고 자부해도, 언젠가는 반드시 나보다 더 능숙한 사람이 나타난다. 능력에 기대 살아가다 그 능력에 대한 자신감이 흔들리면 어떻게 극복할 것인가?

능력을 자신의 가치라고 생각하면 자신보다 능숙한 사람이 나타난 순간, 자신이 가치 없는 사람이라고 착각하게 된다. 능력으로 싸우는 무대에 자기 자신을 놓으면 언젠가는 그 시합에서 지는 날이 찾아온다.

또한, 능력은 낡아간다. 전문 지식은 매일 업데이트되고 있다. 우리의 능력도 갈고닦지 않고 그대로 두었다가는 쓸모가 없어진다.

능력의 가치를 과신하면 위험하다. 나는 **능력이 아니라 업무에 임하는 '태도'를 소중히 할 것**을 권한다. **태도는 다른 사람과 비교해서 우열을 가리는 것도, 시간이 흐르면서 쓸모가 없어지는 것도 아니다.** 여기서 말하는 태도는 꼭 적극적이거나 활발한 것만은 아니다. 신중, 꼼꼼, 조용 등 어떤 태도라도 상관없다. 자신에게 맞는 태도를 일관하면 개성이 돋보일 것이다. 태도가 좋다면 능력은 뒷전이어도 상관없다. 이렇게 생각하면 지금 당장 능력이 조금 부족하더라도 덜 창피하다.

2019년, 나는 싱가폴과 시드니에 있는 구글에서 몇 달간 일할 기회를 얻었다. 처음으로 해외에서 영어를 쓰면서 일하고 느낀 점은 '서툴다'는 것이 능숙함의 문제가 아니라 의식의 문제라는 것이었다. 서투름의 벽은 능력의 유무가 아니라 자신의 의식이 만드는 것이다. 즉, 스스로 '못한다'고 단정 짓고 다른 방법을 찾으려고 노력하지 않는 것이다.

우리말로도 어려운 기획 회의나 제안을 영어로 하는 것은 당연히 쉽지 않다. 하지만 우리말로 진행할 때보다 사전에 자료를 꼼꼼히 작성하고, 이미지를 잘 활용하면 전달하기 쉬워진다. 팀원과 점심을 먹으면서 일상적인 소통에도 적극적으로 나서면 회의에서는 미처 말하지 못했던 생각이나 질문을 수평적인 자리에서 이야기할 수 있게 된다.

이 경험을 통해 내가 중요시하게 된 나만의 법칙이 한 가지 있다. 그것은 '**어빌리티**ability(능력)**보다 멘탈리티**mentality(사고방식)' 다. '능력'에 자신이 없어서 부끄럽더라도 일에 임하는 '태도' 에 자신감을 가지면 용기 있게 걸음을 내디딜 수 있다. 이것은 나 자신의 심리적 부담을 낮추기 위해 스스로 되뇌는 나만의 법칙이다.

'서툴다'는 벽은 내 의식이 만드는 것이다

창피함을 넘어서는
열정과 만나는 법

창피함이라는 감정을 극복하는 가장 효과적이고 근본적인 방법은 '창피를 무릅쓰는 체질'을 만드는 것이다. 그러기 위해서는 자신의 '창피함'에 맞서서 열정을 쏟을 수 있는 일과 만나야 한다.

첫발을 내딛기가 어렵거나 새롭게 시작한 일을 지속하지 못한다면 그것은 모두 당신의 열정과 창피함을 저울에 달았을 때, 열정이 창피함을 넘어서지 못했기 때문이다.

나는 지금 "당신은 열정이 부족하다"고 지적하려는 것이 아니다. 열정이 창피함을 넘어서지 못하는 것은 당신이 눈앞에 있는 일을 그다지 좋아하지 않기 때문이다. 좋아하는 일이라면 몸이 저절로 움직인다. 첫발을 내딛는 것도 지속하는 것도 괴롭지 않다. 당신이 창피함을 넘어서서 열정을 쏟아부을 수 있는 일을 찾았을 때, 창피함에 대한 면역력은 비약적으로 상승할 것이다.

정말로 하고 싶은 일이 있다면 온갖 수를 쓰게 된다. 스스로 놀랄 만큼 대담한 행동도 할 수 있다. 진심으로 하고 싶은 일을 발견한다면 기획서를 작성해 상사와 직접 담판을 지으면 된다. 정말로 만나고 싶은 사람이 있다면 SNS로 메시지를 보내면 된다. 보통 이렇게 '대담한 행동'을 막아서는 것은 틀림없이 창피함이다.

자기가 '하고 싶은 일'이 무엇인지 모르는 사람들이 많다. **열정을 쏟을 수 있는 일을 만나기 위해서는 '그 누구도 부탁하지 않았는데 나도 모르게 하게 되는 일'을 찾아서 해보자.** 그곳에 당신이 깨닫지 못했던 열정과 좋아하는 일이 숨어 있다.

처음에는 뭐든지 괜찮다. 대단한 일이 아니어도 좋다. 지금은 한 개인의 '취향'이 타인에게 도움이 되는 시대다. 과자를 좋아한다면 과자들을 비교해 트위터에 소개해보자. 옷을 좋아한다면 구매한 옷 사진을 인스타그램에 올려보자. 청소를 좋아한다면 자기만의 청소 비법을 블로그에 적어보자.

좋아해서 시작한 행동은 첫걸음에 대한 부담감도, 지속에 대한 부담감도 적다. '나도 모르게 하게 되는 일'을 찾는 것은 스스로도 몰랐던 나의 재능과 만나게 되는 엄청난 기회다. 또,

이렇게 좋아하는 감정에서 시작한 행동은 때에 따라 창피함을 무시할 수 있는 가능성을 품고 있다.

　노력하는 자는 즐기는 자를 이길 수 없다. 좋아한다면 시작하고, 지속할 수 있다. 반대로, 좋아하지 않는 일은 시작도 지속도 어렵다. 무엇보다 즐긴다는 것 자체가 가장 큰 재능이라고 할 수 있다. 흥미가 있다는 것은 대단한 일이다. 당신의 창피함을 넘어설 수 있는 열정을 찾아보자.

 창피함을 극복하는 열쇠는 '나도 모르게 하게 되는 일'

우리는 응원받는 사람이
되어야 한다

우리가 무의식적으로 존경받으려고 하는 이유는 창피함에서 자유롭지 못하기 때문이다. 창피함이라는 감정이 지금의 나를 부정하고, 부족한 부분을 스스로 채우려고 하면서 '존경받아야지'라는 마음이 드는 것이다. 존경받으려는 마음과 행동은 자신이 없다는 방증이기도 하다.

존경받으려고 하면 할수록 우리는 지금의 나를 괴롭히게 된다. 이상적인 내가 되려는 욕구는 지금의 나를 부정하는 데서 시작한다. 이 감정은 입문기, 발전기, 숙련기 그리고 경험치와 관계없이 누구에게나 발생한다.

입문기에는 경험이 적기에 오히려 자신의 대단한 모습을 보여주고자 하는 욕구가 거세진다. 또, 능숙하지 못하기에 이상적인 자신의 모습과의 간극이 생기기 쉽고, '생각한 것과 다르다'는 이유로 창피함을 느끼기 쉽다.

발전기에는 경험을 쌓으면서 주변의 기대도, 스스로의 기대도 올라간다. 또한 성장과정에 있는데도, 기대에 부응하지 못했을 때 창피함을 느낀다. 하지만 당신이 부족함을 느꼈다는 것은 노력을 거듭하면서 자기 자신을 더 정확히 바라볼 수 있게 되었다는 증거다.

숙련기는 경험이 많아 노련한 만큼 '실패하면 안 된다'는 생각에 주변을 의식해서 창피함이라는 감정이 더욱 커진다. 경험이 쌓이고 나이가 들수록 '존경받아야 한다'는 감정도 생기기 쉽고, 창피함에 대한 두려움이 더욱 커져 골치 아파진다. 되도록 일찍 창피함에 대한 면역을 키워야 한다.

우리는 응원받는 사람이 되어야 한다. 존경받는 사람이 되려고 애쓰지 말자. 완벽한 나 자신 따위 존재하지 않는다. 영원히 자신에게 부족한 부분을 찾으며 살아가는 것보다 응원받는 사람이 되어 다양한 심리적 부담을 내려놓고 마음 편히 살아가자.

응원받는 사람은 그 사람의 능력보다 태도가 응원의 대상이 된다. 응원받을 때는 능력의 유무는 중요하지 않다. 능력이 부족하다고 느낄 필요도 없다. 능력이 부족해도 괜찮다.

응원받는 사람은 창피함을 무릅쓸 수 있다. 응원받는 사람은 지금의 자신을 받아들이고, 자신을 다른 사람에게도 드러낼 수 있게 된다. 지금의 자신을 받아들이면 타인과의 비교로 느끼는 외적 창피함과 이상적인 자신과 비교하며 느끼는 내적 창피함에서 자유로워질 수 있다. 창피함에서 자유로워지면 다양한 일에 도전할 수 있다.

 응원받는 사람이란 자신을 드러낼 수 있는 사람이다

선택의 나침반이 되어주는
창피함의 힘

창피함은 두려운 존재가 아니다. 정체를 알 수 없는 존재도 아니다. 창피함이라는 감정의 긍정적인 면을 이해하면 우리는 창피함이 주는 공포로부터 자유로워질 수 있다.

우리는 대체로 '할지 안 할지'의 양자택일을 통해 창피함과 직면한다. 오랜만에 길에서 만난 지인에게 '말을 걸지 말지', 내가 노력해 준비한 프로젝트를 다른 사람들에게 '알릴지 말지', 내 지식을 다른 사람에게 도움이 되도록 'SNS에 올릴지 말지'. 이와 같은 적극적 선택(하는 편이 좋지만, 외적 창피함을 수반하는 행동)과 소극적 선택(내가 상처받지 않는 현상 유지 행동)의 양자택일이 우리 삶 속에 넘쳐난다.

창피함에 대한 두려움이 있으면 외적 창피함을 수반하는 적극적 선택을 본능적으로 피하게 된다. 바꿔 말하면, 우리가 선택해야 하는 적극적 행동에는 외적 창피함이 표식처럼 붙어 있다. 즉, 행동할 때는 외적 창피함을 느끼는 선택지를 고르는 편이 올바른 선택이다.

행동하지 않는 소극적 선택을 하는 것은 쉽다. 그러나 새로운 가능성은 반드시 창피함을 수반하는 적극적 행동에 숨어 있다. 선택해야 하는 순간에는 창피함을 표식 삼아 '고민될 때는 창피할 것 같은 쪽을 고르자'라고 정해놓으면 적극적 행동을 택할 수 있다. 이것은 반사적으로 창피함을 회피해 소극적 선택을 하는 나 자신을 향한 경계 행동이기도 하다.

창피함은 이제껏 보지 못했던 풍경이 펼쳐진 곳으로 우리를 데려간다. 그러니 창피함을 표식으로 삼자. 창피함은 기회를 찾기 위한 신호다. 또한 창피함에 대한 면역은 빨리 키울수록 좋다. 면역을 빨리 키워놓으면 여러 가능성에 도전할 수 있다.

창피함은 빨리 투자할수록 수익도 높다. 지금의 내가 미래의 나를 대신에 창피함을 미리 투자해놓으면 미래의 나는 지금보다 적극적 선택을 고르기 쉬운 체질이 되어 있을 것이다. 창피함에 대한 소득은 지금 당장 체감하기 어렵지만, 미래의 나에게는 분명 큰 자산이 된다.

창피함은 결코 젊은 세대만 겪는 감정이 아니다. 오히려 나이가 들수록 창피함에 더 겁을 먹는다. 창피함을 두려워하는 것은 부끄러운 일이 아니다. 창피함을 느끼는 것은 새로운 일에 도전하고 있다는 증거다. 성장보다 변화가 요구되는 시대에 필요한 것은 창피를 무릅쓸 용기다. 고민될 때는 눈 딱 감고 창피한 편을 고르자. 그것이 곧 당신의 미래를 개척하는 힘이 될 것이다.

 고민될 때는 눈 딱 감고 창피한 길을 고르자

V.

기회를 만들고
나를 바꾸는,
창피함 극복
솔루션 50

1/50

나만의 매력적인
자기소개 준비하기

#사람사귀기 #첫만남 #입문기 #발전기 #숙련기

●— 자기소개는 나를 알릴 수 있는 천재일우의 기회다. 그런
데 우리는 첫인상이 결정되는 중요한 기회를 잘 살리지 못하
고 있다.

일본에는 서로 같은 성을 가진 사람이 몇천, 몇만 명이나 되
는데도 우리는 자기소개를 할 때 가장 무난한 방법으로 이름
을 뺀 성만 소개하곤 한다. **무난한 자기소개는 오만이다.** 상대방

에게 나를 각인시키려는 노력을 포기하는 행위다.

우리는 이런 자기소개를 다시 생각해볼 필요가 있다. 예를 들면, 성을 뺀 이름만 이야기하면 상대방과 거리감이 확 줄어들게 된다. 이름이 어떤 한자로 쓰였는지 설명하는 것도 좋다. 그것만으로도 기억에 쉽게 남기 때문이다.

최근에 푹 빠진 일이 있다면 이야기해도 좋다. 좋아하는 음식을 이야기해도 좋고, 주제는 뭐든 좋다. 무엇보다 **상대방에게 나를 각인시키기 위해 노력하는 자세가 느껴지는 것이 가장 중요하다.**

자기소개를 생각할 때 자신의 프로필을 200~300자 정도로 정리해 적어보는 것을 추천한다. 처음 만난 사람에게 나의 어떤 경력을 이야기해야 관심을 가질지 객관적으로 생각해볼 수 있다. 또한 앞으로 어떤 경력을 더 쌓으면 좋을지 생각하는 계기도 된다.

첫 만남일수록
사적인 이야기하기

#사람사귀기 #첫만남 #입문기 #발전기 #숙련기

●— 우리는 '첫인상이 중요하다'는 것을 알면서도 처음 만나는 사람과 대화할 때 이상한 사람이나 뻔뻔한 사람처럼 보일까 봐 자신을 숨기고 어색하게 행동한다. '감점 요소가 없는 첫인상'을 만들려는 것이다. 이 방법으로는 물론 감점 요소는 생기지 않겠지만, 가점 요소도 없기에 결국 상대방에게는 특별한 인상이 남지 않는다.

한편, 다양한 사람과 함께 일하다 보면 때로는 상대방과 대립하거나 화가 날 때도 있다. 상대방을 나의 '적'이라고 생각하는 것이 그 원인이다. 그런데 대부분의 대립은 입장이나 역할에 따른 접근법이 달라 생기는 것일 뿐, 상대방 또한 일을 잘 처리하고 싶다는 생각을 가진 동료다. 나의 위치나 역할이 위협받는다고 느끼는 순간에 우리는 동료였던 사람을 적으로 오해한다.

일로 만난 사람과는 업무적인 관계라고 생각하고 대하는 것이 일반적이지만, 이렇게 되면 마음의 거리를 좁히지 못한다. 이럴 때는 사적인 이야기를 꺼내는 것이 효과적이다. **사적인 이야기를 꺼내는 것은 상대방에게 '나는 당신의 적이 아니에요'라는 신뢰와 우호를 나타내는 행동이다.**

상대방에게도 가족과 소중한 사람이 있다. 같이 일하는 사람에게 사적인 이야기를 해두면 나중에 생길 대립이나 마찰을 줄일 수 있다.

3/50

인사는 무시당하더라도
내가 먼저 하기

#사람사귀기 #직장 #입문기 #발전기 #숙련기

●── '인사는 타이밍을 보고 하는 것이 좋다.' 이런 생각을 하는 동안 상대방이 먼저 말을 걸어오는 경우도 적지 않다. **인사는 내가 먼저 해서 손해 보는 일이 절대로 없다.** 인사는 상대방에게 적의가 없다는 뜻을 표현하는 행위다.

처음 만나는 사람은 모두 나에게 소중한 사람이 될 가능성이 있다고 생각하며 인사하자. 누가 언제 당신의 소중한 사람이 되어줄지 알 수 없다. 오랜만에 만난 사람에게는 "오래간만입니다. 저는 나카가와예요. 실은 ○○ 때 한번 뵌 적이 있어요"라고 상대방이 기억하지 못한다는 전제하에 내 정보를 전달하며 인사해보자. 갑자기 나타나서 "안녕하세요. 저 기억하세요?"라고 물어보면 상대도 허를 찔려 모처럼의 재회가 좋은 기억으로 남지 않을 수 있다. "꽤 예전 일이고, 제대로 이야기도 나누지 못했었는데 다시 만나 뵈니 좋네요"라고 상대방이 기억하지 못한다는 것을 전제로 이야기를 건네보자. 덧붙이자면, 당신이 껄끄러워하는 사람일수록 먼저 인사하는 편이 좋다. 껄끄럽다는 생각은 상대방에게도 느껴지기 때문이다.

사람은 마음속 거울이다. 내가 먼저 마음을 열면 상대방도 조금씩 마음을 열어준다. 내가 껄끄럽다고 생각하면 상대방과 거리를 좁힐 수 없다. 애매한 사이일수록 먼저 다가가 인사하면 긴장감이 줄어들면서 자연스럽게 행동할 수 있다. 공격은 최고의 방어다. 인사는 언제나 선제공격이 먹힌다.

4/50

의식적으로
상대방의 이름 불러보기

#사람사귀기 #직장 #입문기 #발전기 #숙련기

●— 인사를 할 때나 감사의 마음을 전할 때는 의식적으로 상대방의 이름을 함께 넣어 말하자. "○○ 님 안녕하세요" "△△ 씨 고마워요" 자신의 이름이 불렸을 때 기분 나빠할 사람은 없다. 상대방의 이름을 부르는 행위는 '나는 당신에게 관심이 있어요'라는 의사 표현이다.

상대방이 손윗사람이더라도 '부장님'이나 '감독님' 등 직함으로 상대방을 부르지 말자. 직함으로 부르면 무의식적으로 상하관계가 생기면서 수평적인 분위기에서 상의하거나 보고하기가 어려워진다. 상대방이 후배인 경우에는 이름을 불러주면 선배에게 인정받았다는 기분이 들면서 심리적 안전성이 확보된다. 즉 창피를 무릅쓸 용기가 생기는 것이다. 회사 밖에서도 의식적으로 "○○ 님 항상 고마워요"라고 말하면 상대방을 존중하는 마음이 전해진다. 그 마음은 결국 일로 보답받게 되어 있다.

상대방의 이름을 부르는 행위는 더 좋은 인간관계를 형성하는 데 무척 유용하다. 이 방법은 회의에서도 효과적이다. "방금 ○○ 님이 말씀하신 것처럼" 하고 발언자의 이름을 언급하면 상대방은 자신이 존중받고 있다는 느낌을 받는다. **사람은 자신에게 관심을 가져주는 사람에게 호감을 느낀다.** '혹시 나를 싫어하는 건 아닐까'라는 생각이 드는 사람이 있다면 그 사람의 이름을 부르며 말을 건네보자. 사람은 자신의 마음속 거울이다.

이름을 까먹었을 때는
일부러 상대방에게 직접 묻기

#사람사귀기 #직장 #입문기 #발전기 #숙련기

●— 첫 만남에 서로 자기소개를 했지만, 상대방의 이름을 까먹어서 다시 물을 타이밍을 놓친 채 이야기를 흐지부지 끝내거나, 상대방이 눈치채기 전에 생각해내려고 명함을 찾아보거나 예전 메일을 검색해본 사람이 적지 않을 것이다.

상대방의 이름을 모른 채 가만히 있는 것은 상대방에 대한 예의도 아니거니와, 업무 효율도 낮아진다. '상대방의 이름을 모른다'는 마음의 빚 때문에 적극적으로 제안하거나 질문할 용기가 생기지 않기 때문이다.

잊어버렸다면 조금 창피하더라도 "죄송해요. 성함을 한 번 더 말씀해주시겠어요?" 하고 상대방에게 직접 물어보자. 그런 당신의 태도를 보고 상대방 또한 예의에 어긋난다고 생각하거나 화를 내지는 않을 것이다. 오히려 '이 사람은 내 이름을 정확히 기억하려고 하는구나' 하며 긍정적으로 받아들일 수 있다.

그렇다면 몇 번이나 만난 적이 있어서 이름을 직접 물어보기 어려울 때는 어떻게 하면 좋을까? 이럴 때는 "그러고 보니, 성함은 어떤 한자를 쓰세요?" 하고 이름의 뜻을 물어보면 된다.

상대방의 이름을 의식하는 것은 그 사람을 존중하기 위한 첫걸음 **이라고 할 수 있다.** 하루만 만나는 사이여도 이름을 확인한 뒤 일하는 습관을 들여보자. 우리 눈앞에 있는 사람은 '스태프'나 '직원'이 아닌 이름을 가진 개인이다.

6/50

모르는 것은 알아보기 전에
가르쳐달라고 하기

#사람사귀기 #직장 #입문기 #발전기 #숙련기

●── "모르는 게 있으면 물어보기 전에 직접 알아봐." 신입 사원 시절, 직장에서 이런 말을 들은 적이 있을지도 모른다. 가르치는 사람 입장에서 생각하면 모르는 것이 있을 때는 직접 알아보는 편이 덜 성가실지도 모른다.

하지만 **모르는 것이 있을 때는 그것을 알고 있는 사람에게 물을 기회가 생긴다.** 스스로 알아봐도 원하는 정보를 얻을 수는 있다. 그러나 알고 있는 사람에게 직접 물어보면 그 외의 다른 지식도 함께 얻을 수도 있다. 무엇보다 가르침을 받으면서 새로운 인간관계를 만들어갈 수 있다. 반대로 내가 알고 있는 지식을 상대방에게 알려주면 서로 가르쳐주는 관계가 될 수도 있다. **정보를 알고 있거나 모른다는 사실보다 그를 통해 타인과 이어지는 것이 더욱 중요하다.**

선배에게 상의하는 게 좋을지 고민될 때, '상대방의 시간을 뺏는 게 미안하다'는 생각에 그만둔 적이 있는가? 사실 '그런 것도 모르냐'고 평가받을까 두려웠던 것은 아닐까? 입문기든 발전기든 당신은 아직 성장과정을 거치는 중이다. 질문은 선배와 더 깊은 관계를 만드는 좋은 기회다.

지금까지 선배는 후배에게 가르침을 주는 입장이었지만, 앞으로는 반대의 경우도 늘어갈 것이다. 매일 새로운 기술이 세상에 나온다. 디지털 네이티브 다음에는 스마트폰 네이티브, 나아가 프로그래밍 네이티브 세대가 올 것이다. 세대 간 격차가 심화하는 앞으로의 시대에서는 선배도 후배에게 질문하는 데 익숙해져야 한다.

7/50

성공담보다는
실패담 이야기하기

#사람사귀기 #입문기 #발전기 #숙련기

●— 자신을 어필하기 위해 성공담을 이야기하는 사람이 있다. 그러나 사실 이는 역효과만 날 뿐이다.

성공담은 환경과 성공 기준이 공유되어 있지 않으면 그 대단함을 이해할 수 없다. 예를 들어, 사내 영업 실적이 1위였다고 할지라도, 회사라는 환경 밖에서는 그것이 얼마나 대단한 일인지 알 수 없다. 성공담은 자신이 있는 환경, 즉 로컬을 전제로 성립한다. 반면, **고생한 이야기나 실패담은 지금 소속된 조직이나 환경과는 상관없이 누구나 경험하는 일이다.** 어떤 사람이라도 이해할 수 있는 글로벌 화젯거리인 셈이다.

타인에게 이야기할 때는 되도록 성공담보다는 실패담이나 고생담을 이야기해보자. 누구나 자기 자랑을 늘어놓는 사람을 사귀고 싶어하지 않는다. 하지만 실패는 누구나 겪는 일이기에 공감하기 쉽다. 그 사람의 매력이 드러나는 것은 성공했을 때보다도 실패했을 때다. 실패담은 나의 성격과 태도를 보여줄 뿐 아니라 자랑을 늘어놓지 않는 솔직한 사람으로 만들어준다. **과거의 실패가 지금의 나를 더 매력적으로 만들어주는 것이다.** 타인의 호감을 얻는 가장 빠른 방법은 나의 실패담을 공유하는 것이다.

실패는 감추기 때문에 창피한 것이다. 감추면서 내 마음속의 응어리로 남아 다음에 비슷한 경험을 했을 때 걸림돌이 되어 넘어지고 만다. 실패담을 털어놓는 일은 창피함을 극복하기 위한 커다란 한 걸음이다.

8 / 50

결전의 날에는
적극적으로 악수하기

#사람사귀기 #입문기 #발전기 #숙련기

오늘이 당신에게 중요한 '결전의 날'이라면 여느 때와 같이 행동하려고 애쓰기보다 솔직하게 긴장하고 있다는 것을 드러내는 편이 좋다. 누구나 중요한 날에는 긴장하기 마련이다. 오히려 이런 상태는 당신이 눈앞의 일에 진심으로 임하고 있다는 것을 말해준다. **결전의 날에 일이 잘 풀리도록 자신만의 징크스를 만들어보는 것도 좋다.**

예를 들면, 광고 촬영 당일에는 현장에 감독과 카메라맨, 조명, 미술 등 다양한 역할을 하는 사람들이 모인다. 이렇게 다양한 사람이 같은 시간을 공유할 때는 대립도 일어나기 쉽다. 성공적인 결과물이라는 같은 목적을 바라보고 있어도 각자가 접근하는 방식이 다르기 때문이다. 나는 촬영 당일에는 현장의 리더인 영상 감독에게 가장 먼저 악수를 청한다. 나보다 나이나 경력이 아무리 많은 선배여도 똑같이 실천하고 있다. 악수를 하면 동료 의식과 심리적 안전성이 생기면서 나도 감독도 서로 상의하기 쉬운 분위기가 만들어진다. 솔직히 갑자기 악수를 청하는 것은 조금 부끄럽지만 "결전의 날에는 꼭 악수를 하고 있어서요"라고 나만의 법칙을 설명하면서 창피함에 맞서려고 한다.

악수는 어디까지나 하나의 예시일 뿐이다. 빨간 넥타이를 하거나 머리 스타일을 바꿔보는 등 어떤 방법이든 좋다. 자신만의 행운의 징크스를 만들어 그것을 주변에 알리면 당신이 얼마나 그 일에 진지한 태도로 임하고 있는지 알 수 있다.

9/50

창피한 경험을
재밌는 에피소드로 만들기

#사람사귀기 #입문기 #발전기 #숙련기

누구나 자신의 창피한 경험을 남에게 알리고 싶지 않다. 하지만 이것을 '창피해서 숨기는 이야기'가 아니라 '숨기기 때문에 창피한 이야기'라고 생각할 수는 없을까?

창피했던 경험을 언제까지고 마음속에 담아두면 트라우마처럼 남는다. 자신의 나약함과 불완전함을 타인에게 보이는 것을 꺼리면 창피함은 계속 당신을 따라다닐 것이다. 그리고 비슷한 일이 벌어졌을 때 '또 같은 결과가 나오면 어떡하지'라는 두려움을 느껴 몸이 굳어버린다. 과거의 일을 창피함으로 여기며 마음속에 담아두고 있는 한, 그 창피함을 극복하는 일은 불가능하다.

그런데 이런 창피함을 타인에게 이야기하면 재밌는 에피소드가 된다. 다른 사람들은 잘 하지 않는 실수나 행동을 해서 주변 사람들이 놀랐거나 웃음거리가 된 경험은 창피함으로 기억된다. 즉 이런 사건은 타인에게 재밌는 에피소드로 느껴질 가능성이 크다.

먼저, 당시에 있었던 일을 공책에 적어보자. 글로 적으면 당시 상황과 자신의 언동 그리고 주변 반응을 객관적으로 바라볼 수 있다. 그리고 그 일화를 터놓고 말할 수 있는 친구들에게 이야기해보자. 분명 친구들은 호쾌하게 웃어줄 것이다. 타인에게 털어놓음으로써 우리는 비로소 창피함을 극복하고 수용할 수 있게 된다.

하루 한 번
다른 사람 칭찬하기

#사람사귀기 #일상생활 #입문기 #발전기 #숙련기

◉── 최근에 다른 사람을 칭찬한 적이 있는가? 우리는 매일 타인의 좋은 점을 보면서도 그것을 입 밖으로 꺼내 본인에게 전하지 않는다.

타인을 칭찬하는 것이 쑥스러운 이유는 상대방의 반응을 상상하기 때문이다. 내가 칭찬했을 때 상대방이 속으로 '거만하다' '치켜세우는 것 같아서 불쾌하다'는 생각을 할까 봐 불안해진다.

칭찬하는 것을 '내 이미지와는 어울리지 않는다'고 생각하는 사람도 적잖을 것이다. 타인을 칭찬하는 것이 어색하다면 다른 사람의 말을 빌리는 것도 방법이다. "그 사람이 자료 잘 만들었다고 하더라" "그 사람이 ○○ 씨 정말 우수하다고 칭찬하더라" 등과 같이 다른 사람의 말을 빌려 간접적으로 칭찬하는 것도 좋다.

칭찬이란 나의 쑥스러움을 담보로 상대방에게 기쁨을 줄 수 있는 행위다. 칭찬받으면 사람은 자기 긍정감이 높아지고, 심리적 안전성이 확보된다. 힘들었던 업무도 노력도 보상받는 기분이 든다.

좋은 서비스를 받았을 때는 제품을 받으면서 "잘 해주셔서 샀어요"라고 전해보자. 음식점에서 맛있는 요리를 먹었다면 가게를 나서면서 주방을 향해 큰 소리로 "잘 먹었습니다. 맛있었어요"라고 말해보자. 그 말을 들은 사람은 분명 당신이 상상한 것 이상으로 기뻐할 것이다.

취미가 아니라
푹 빠진 일이 뭔지 물어보기

#사람사귀기 #잡담 #입문기 #발전기 #숙련기

●— 취미 이야기는 관계를 다지기 위한 공통 주제로 유용하
다. 그런데 취미에 대해 이야기할 때는 상대방보다 자신을 우
위에 놓으려고 하는 '마운팅'에 주의할 필요가 있다.

좋아하는 밴드에 대한 이야기가 나왔을 때, "데뷔 전부터 좋
아했는데 어느새 엄청 유명해져서……"라고 말하는 사람. 어
떤 감독의 영화를 좋아한다고 했더니 초기 작품을 봤느냐며

캐묻는 사람. 이들 모두 악의가 있는 것은 아니지만, 어느 한 쪽이 마운팅임을 느끼는 순간 승자와 패자가 없는 경쟁이 시작되고 만다. 이는 모두 받아들이기 나름이다.

마운팅 경쟁에 휩쓸리지 않기 위해서는 새로운 사실을 알려준 상대방에게 '마운팅 당했다'가 아닌, '새로운 사실을 가르쳐줘서 고맙다'고 생각하도록 하자. 나에게 알려준 내용을 휴대전화에 적어놓고 나중에 검색해보자.

사실 **"취미가 뭐예요?"라는 질문에는 의외로 대답하기가 어렵다. 정답이 없는 데다가 나를 드러내야 하기 때문에 답변에 대한 부담감이 크다.**

취미에 대한 질문을 할 때는 "취미가 뭐예요?" 보다는 "최근에 푹 빠져 있는 일은 뭐예요?"라고 물어보자. 또, "제일 좋아하는 영화는 뭐예요?"보다는 "최근 본 영화 중에 추천할 만한 게 있나요?"라고 물어보자.

이렇게 질문하면 서로 경쟁하지 않고도 대화할 수 있다.

12 / 50

회의 전에는 잡담으로
아이스 브레이킹

#사람사귀기 #회의 #입문기 #발전기 #숙련기

●── 회의에 참여할 때는 참석 인원이 모두 모일 때까지 보통
스마트폰이나 컴퓨터를 들여다보며 기다린다. 화상 회의라면
회의가 시작되기 전까지 카메라와 마이크도 꺼둔다. 이때야
말로 창피함이라는 벽을 부수고 나올 때다.

멍하니 침묵하며 기다리기보다는 잡담을 나눠보자. '분위
기를 조성하는 건 내 일이 아니야'라고 생각할지도 모르지만,

냉랭한 분위기가 누그러들면 가장 이득을 보는 것은 나다. 기다리는 시간에 이야기를 나누면 본론에 들어갔을 때도 말을 꺼내기 쉬워진다. 잡담을 나누면서 관계를 형성하면 나 자신의 심리적 안전성도 보장된다.

일단 물꼬를 트기만 하면 대화의 내용은 내가 중심이 될 필요가 없다. 특별히 할 이야기가 없다면 다른 사람에게 질문하는 것도 좋다.

나와 관계없는 이야기로 분위기를 띄우려면 상대방이 소중히 여기는 것에 대해 질문하면 된다. 상대방이 옷을 좋아한다면 "쇼핑은 보통 어디서 하세요?"라고 물어보면 된다. 가족과의 시간을 소중히 하는 사람이라면 "자녀분은 올해 몇 살이 되었지요?"라고 물어보자. 이렇게 '정말 좋아해서 다른 사람에게 이야기하고 싶은 주제'를 질문해주면 대화가 무르익기 쉽다.

대화 내용은 무엇이든 상관없다. 회의 자리에서 당신이 편해질 수 있으면 된다. 다른 사람을 위해서가 아니라 나를 위해 용기 내어 침묵을 깨뜨려보자.

'좋아요!'와
후기로 응원하기

#사람사귀기 #SNS #입문기 #발전기 #숙련기

●─ SNS에 콘텐츠에 대한 감상을 올리는 것은 의외로 부끄러운 일이다. 사람들이 '이렇게 얄팍한 내용밖에는 못 올리나'라는 생각을 할까 봐 두렵고, 내 행동이 어떻게 비칠지 신경쓰이기 때문이다.

하지만 감상은 콘텐츠 제작자를 향한 응원이다. 인스타그램 게시물이나 유튜브 영상, 최근에 본 영화나 책 감상도 괜찮다. '좋아요!' 버튼을 누르거나 SNS에 감상을 쓰는 등 아무리 사소한 일이라도 그것은 곧 응원이 된다. 좋다는 생각이 들면 창피함이라는 벽을 부수고 행동해보자. **여러분의 응원은 창피함을 느끼는 제작자에게 용기를 준다.**

아웃풋의 질을 높이기 위해서는 인풋의 질을 올릴 필요가 있다. 이것은 '지금보다 더 좋은 것을 바라보자'라는 단순한 이야기가 아니다. 받아들이는 정보의 질을 높일 뿐 아니라 정보를 얻는 방법의 질도 높여야 한다는 이야기다. 구체적으로 말하자면 '인풋을 위한 아웃풋'이다. 콘텐츠의 어떤 부분이 좋았는지 생각하면서 언어화하는 순간 그 정보가 우리 뇌에 각인된다.

콘텐츠를 소비만 하는 것은 아깝다. 행동에 나서면 더욱 질 좋은 인풋을 받아들일 수 있다. 게다가 제작자에게는 다음번의 창피함에 맞설 용기가 생긴다.

14/50

갈지 말지 망설여진다면
일단 가보기

#사람사귀기 #회식 #입문기 #발전기 #숙련기

●— 회식이나 모임에 초대받았을 때 귀찮아서 갈지 말지 고민했던 경험이 있지 않은가? 이때 머릿속에는 여러 핑곗거리가 둥둥 떠다닌다. 아는 사람도 몇 없고, 장소도 조금 멀고, 오늘은 왠지 비도 올 것 같고…… 가고 싶지 않은 이유를 여럿 나열해보지만 사실 가지 않는다는 소극적 선택을 부추기는 것은 낯선 환경에 뛰어드는 게 쑥스럽다는 감정이다.

일본어에서 '성가시다面倒(멘도)'라는 표현의 어원은 타인을 격려하고 가엾이 여기는 '귀여워하다めでる(메데루)'에서 왔다는 설이 있다. 이때의 쑥스럽고 복잡한 심경이 강조되면서 '성가시다'라는 말로 굳어졌다고 한다. 이처럼 성가심과 창피함은 크게 다르지 않은 감정이다. 실제로 성가신 일은 창피한 일인 경우가 많다.

고민된다면 가보자. 가지 않는다는 답을 바로 내리지 않은 데에는 그곳에 무언가 새로운 발견이나 연결고리가 있을지도 모른다고 생각하기 때문이다. 참석을 후회하는 일은 없다. 기왕 참석했으니 후회가 없도록 평소보다 더 적극적으로 즐기려고 하기 때문이다.

당신을 초대한 사람은 '거절당하는 창피함'을 무릅쓰고 당신을 초대해주었다는 것을 잊으면 안 된다. 나를 위해 창피를 무릅쓰는 사람을 소중히 여기자. 그리고 이들을 위해 우리도 창피를 무릅쓰자.

한편, 고민할 필요도 없는 제안은 딱 잘라 거절하자. '어차피 가봤자'라고 생각하는 동안에는 '어차피' 아무 일도 일어나지 않는다.

15/50

내 성과는 다른 사람에게
도움이 되는 이야기로 가공하기

#업무진행법 #입문기 #발전기 #숙련기

✓── '오른손이 한 일을 왼손이 모르게 하라'라는 말처럼 노력하는 모습을 남에게 보이지 않는 것이 멋있다고 생각하는 사람이 있다. "저 노력하고 있어요"라고 스스로 말하는 것이 부끄러우니, 누군가 "그는 노력하고 있어요"라고 말해주었으면 하는 생각을 한다. 하지만 타인의 평가를 기다리기만 해서는 언제까지고 기회는 돌아오지 않는다.

원래 사람들은 타인에게 큰 관심이 없다. 좋은 일은 좋은 일이 끌어당기는 것이다. 내가 한 일은 "내가 했어요"라고 말하지 않으면 시작되지 않는다. 만약 단언하는 것이 어렵다면 "내가 했어요"라고 당당하게 말할 수 있도록 눈앞의 일에 집중해보자.

구체적으로 그럼 어떻게 내 일을 어필할 수 있을까? 답은 **성과 그 자체가 아니라 당신이 궁리한 것과 그 계기부터 이야기하는 것**이다. 즉, **자신의 노력을 자랑하는 데 그치지 않고 타인에게 도움이 되는 정보를 제공하려는 자세를 공유**하는 것이다.

예를 들어, "제가 담당하면서 매출이 두 배나 올랐어요"는 단순 자랑이지만 "이 부분에 문제의식을 느껴서 시험 삼아 이렇게 바꿔봤더니 이런 반응이 있었어요. 그 결과, 매출이 두 배나 올랐어요"라고 말하면 느낌이 달라진다.

도움이 되는 이야기로 가공하면 그 정보를 들은 사람은 다른 사람에게도 도움이 되도록 다른 자리에서 그 이야기를 공유해달라고 부탁해오게 된다.

16/50

회의 마지막에
논의한 내용 재확인하기

#업무진행법 #회의 #입문기 #발전기 #숙련기

●— 회의를 한번 했다고 참석자 모두의 인식이 일치하리라
생각한다면 큰 오산이다. 같은 회의에 참석했어도 모든 사람
이 각자의 시점에서 의제를 바라보기 때문에 조금씩 인식에
차이가 생긴다. 회의 마지막에는 반드시 '오늘 결정된 일'과
'다음에 해야 할 일'을 재확인하자.

회의 내용을 이해하지 못했다는 오해를 사는 것이 부끄러

워 마지막에 정리를 하지 않고 회의를 끝내는 경우가 있다. 그 결과, 기껏 모인 멤버들의 생각이 통일되지 않은 채 논의가 끝나버리고 마는 것이다. 회의 결과를 말로 다시 확인하면 참가자의 생각이 통일된다.

당연한 일이라고 생각할지도 모르지만, 이것은 비단 신입 사원들을 위한 이야기가 아니다. 나는 하루에 반드시 한 번은 이렇게 재확인 없는 회의에 참석한다. 연령대가 높은 사람이 모인 회의일수록 이러한 경향은 높아진다. 오히려 신입 사원이 많은 회의는 신중하게 진행되기 때문에 마지막에 재확인하는 경향이 높다. **연령대가 높은 사람들이 느끼는 '남들 앞에서 실수하기 싫다' '모르는 것을 티 내고 싶지 않다'는 창피함이 재확인을 방해하기 때문이다.** "그런 건 당연한 거지"라고 말하는 베테랑들이야말로 찔리는 구석이 있지는 않을까?

17/50

사람들 앞에서
창피한 일을 겪으면 함께 웃기

#나와마주하는법 #일상생활 #입문기 #발전기 #숙련기

●— 사람들 앞에서 창피를 당하면 되도록 빨리 그 자리를 뜨고 싶어진다. 바지에 지퍼가 활짝 열린 것도 모른 채 진지하게 이야기한 일, 사람들 앞에서 발을 헛디뎌 우당탕탕 굴러 넘어진 일, 생판 남에게 친구인 줄 알고 말을 걸었던 일······.

이럴 때, 창피해하며 그 자리를 바로 뜨지 말자. 왜냐하면, 당신뿐만 아니라 주변 사람들도 당신 덕분에 충분히 놀랐기 때문이다. **당신이 의도치 않은 '창피함의 가해자'가 되어 상대방에게 창피함을 주었을지도 모른다.** 지퍼가 열려 있는 것을 말하지 못한 사람도, 착각을 당한 사람도 당신의 갑작스러운 창피함을 함께 당한 '피해자' 중 한 사람이다.

이런 경우에는 남들에게 말할 재밌는 에피소드가 하나 더 생겼다고 생각하면서 함께 웃어넘기자. 그러면 주위 사람들도 안심하고 같이 웃을 수 있다. **그 순간에 웃어넘길 수 있다는 것은 창피함을 받아들일 수 있다는 증거다.**

웃어넘길 수 없을 정도의 창피함을 느꼈다면 나중에 그 상황을 친구들에게 이야기하는 상상을 해보면 좋다. 자신의 상황을 객관적으로 바라볼 수 있게 되면 조금씩 그 일이 재밌게 느껴질 것이다. 스스로 웃어넘기는 것이 창피함을 극복하는 최고의 방법이다.

18 / 50

회의에 들어갔다면
적극적으로 참여하기

#나와마주하는법 #직장 #입문기 #발전기 #숙련기

⊘— 가만히 자리에 앉아 있기만 해서 되는 일은 없다. 회의도 마찬가지로, 참석하기만 해서는 의미가 없다. 한마디도 하지 않고 회의에 아무런 영향을 주지 않았다면 '참여했다'고 할 수 없다.

이쯤이야 모두가 알고 있는 사실이다. 그런데도 많은 사람이 '앉아 있기만 하는 회의'를 경험한 적이 있다. "이 회의에 참석할 필요가 있었을까? 쓸데없이 시간만 낭비했어"라고 회의 후에 불만을 토로하기는 쉽지만 그래서는 아무것도 바뀌지 않는다.

참석했다면 참여하자. 인원이 많은 회의더라도 당신의 소중한 시간을 할애하고 있으니 적극적으로 참여해보자. **나 자신이 왜 그곳에 있는지는 스스로 만드는 것이며, 역할은 주어지는** 게 아니라 찾아 나서는 것이다.

어떤 작은 일이든 좋다. 사소한 질문이라도 의문이 든다면 물어보자. 재밌는 이야기에는 반응을 하자. 화상 회의라도 반응을 보이자. 얼굴도 보이지 않는데 반응까지 없다면 발언자는 일방적으로 이야기하는 데 상당한 스트레스를 느낀다. 그런 발언자를 위해 내가 전면에 나서 창피함을 극복해보자.

만약 당신이 이 정도의 참여도 하지 못할 수준의 회의라면 애초부터 그 회의에는 당신이 참여할 필요가 없다. **불필요한 회의에 참여하지 않는 용기를 발휘하는 것도 하나의 방법이다.**

---

19 / 50

세미나에서는 무조건
맨 앞자리에 앉기

#나와마주하는법 #공부 #입문기 #발전기 #숙련기

◉── 소중한 시간을 할애해 참석한 강연이나 수업에서 맨 뒷
자리에 앉는 일은 이제 그만두자. 눈에 띄고 싶지 않다거나 의
욕 넘치는 사람으로 보이는 게 부끄럽다는 이유로 사람들은
뒷자리부터 자리를 채운다. 강연 같은 자리에서 솔선해 맨 앞
줄에 앉는 사람은 전체의 10퍼센트도 채 되지 않을 것이다. 뒷
자리나 가장자리에 앉는 것 역시 창피함 때문이다. 그런데 사

실 강연회에 와서 당신에게 신경 쓰는 사람은 하나도 없다. 당신이 앞에 앉든, 뒤에 앉든 관심 밖의 일이다.

우리가 앉아야 하는 자리는 강연자와 화면에서 가장 가까운 앞 열 가운데다. 가장 앞에 앉는 것의 이점은 무척 많다. 뒷자리에 앉으면 다른 청강자들이 눈에 들어와 아무래도 신경이 쓰이기 쉽다. 어떤 직종인지, 연령대는 어떤지. 그리고 나보다 머리가 좋아서 강의 내용을 모두 이해한 것처럼 보인다.

여기서도 타인과의 비교가 당신의 발목을 잡는다. 하지만 앞 열에 앉으면 강연자에게 집중할 수 있다. **타인이 눈에 들어오지 않으면 일대일로 강연을 듣는 기분이 들면서 질문도 하기 쉬워진다.** 질문할 때도 다른 청강자의 표정이나 반응을 보고 불안해할 필요가 없다.

뒷자리에서 강연을 들을 바에는 가지 않는 것이 낫다. 앞자리에 앉아 진지하게 들을 생각이 없다면 자리에 앉아 있어도 강연 내용이 당신의 머릿속에 남을 리가 없기 때문이다. 강연 시간을 헛되이 보낼 바에는 집에 돌아가 자신만의 시간을 보내는 편이 낫다.

20/50

자기
평가하기

#나와마주하는법 #입문기 #발전기 #숙련기

●── 그전까지는 전혀 신경 쓰이지 않았던 일도 어느 날 누군가에게 지적을 받으면 그때부터 갑자기 부끄러워질 때가 있다. 별 뜻 없는 상대방의 한마디로 그전까지의 용기는 바람 빠진 풍선처럼 쪼그라든다. 타인에 의해서 때로는 악의 없이, 때로는 무작위로 우리의 용기는 손쉽게 뿌리 뽑히고, 그 자리에는 창피함이 심긴다. 타인에게 어떤 말을 들을 때마다 다양한

창피함과 직면하면서 괴로운 경험을 하고 자신을 싫어하게 된다.

회사와 상사 그리고 SNS의 평가…… 우리는 매일 다양한 타인의 평가를 받으면서 살아간다. 그런데 그러한 평가들이 곧 당신의 가치는 아니라는 점을 간과하지 말자. 직장에서의 평가는 회사에 도움이 되는지 아닌지, SNS의 평가는 당신의 정보가 남들에게 도움이 되는지 아닌지에만 해당하는 내용이다. 평가가 안 좋다고 해서 당신의 가치가 낮다는 의미는 아니다.

이러한 환경 속에서 자신감 있게 살아가기는 쉽지 않다. 하지만 마지막까지 나를 믿어주는 것은 오로지 자신밖에 없다. **자신감은 스스로를 과신하는 것이 아니다. 자기 스스로를 포기하지 않는 것이다.** 당신이 자신을 포기하면 아무도 당신 앞에 버티고 서 있는 창피함을 넘어서주지 않는다. 자신의 가치를 결정하는 것은 당신 자신이다.

21/50

존경받기와 존경하기
모두 그만두기

#나와마주하는법 #사람사귀기 #입문기 #발전기 #숙련기

존경받으려는 마음은 곧 창피함으로 이어진다. 언제나 훌륭한 사람이 될 필요는 없다. 타인을 존경하는 것을 그만두자. 그리고 '존경'이라는 말도 쓰지 말도록 하자.

어떻게 보면 주제넘은 의견일 수도 있겠지만, 존경은 존경하는 사람과 존경받는 사람으로 이분화해 수직적 인간관계를 구축한다. 또한 존경하는 사람에게 평가받고 싶고, 선택받고 싶다는 의식을 만들어낸다. 그렇게 느끼는 동안에는 상대방과 심리적 거리감을 좁히기 어렵다. 심리적 안전성이 보장되지 않고, 자신의 '좋은 모습'만 보여주려고 하며 창피를 무릅쓰기 어려워진다. 그곳에는 두 사람을 가르는 보이지 않는 커다란 벽이 생기고 만다.

이것은 결코 손윗사람을 공경하는 마음을 버리라는 이야기가 아니다. 나는 **상하관계를 만드는 '존경'보다 타인 모두에게 평등한 '존중'을 소중히 하라**고 말하고 싶다.

가령 상대방이 손윗사람이어도 가족과 친구 같은 수평적 관계를 구축하는 것이 좋다. '존중'이 있다면 상대방을 공경하면서도 서로 대등한 수평적 인간관계를 만들 수 있다. 소속과 직함을 넘어 서로 존중할 수 있는 인간관계가 형성되면 타인의 평가를 신경 쓰지 않게 될 것이다.

선배의 의견에 반하더라도
이야기해보기

#사람사귀기 #입문기

●— 선배의 말을 따르는 것은 무척 간단하고 편한 방법이다. 왜냐하면, 타인의 말에 따르는 것은 자기 자신이 상처받지 않는 최고의 방법이기 때문이다.

'저 사람이 결정했으니 어쩔 수 없어' '나는 지시대로 했을 뿐이야'라고 변명하면서 타인의 지시에 따르면 우리는 책임을 전가할 수 있다. 방침이나 행동 또한 선배 탓으로 돌리면서 창피함에서 도망치기 쉽다. 하지만 이런 방법을 지속한다면 그 일은 언제까지고 '선배의 일'이 되고, '나의 일'이 되지 않는다.

내가 하는 일을 '내 일'이라고 당당하게 말하려면 생각한 것을 솔직하게 말하자. 자신의 의지와 반하는 업무는 결코 '내 일'이 될 수 없다. 조금이라도 이상하다고 생각되는 점이 있다면 상대방이 선배더라도 직언하는 용기가 필요하다.

단, 선배에게 의견을 얘기할 때는 말투를 조심해야 한다. 당신이 아무리 옳은 말을 하더라도 '틀린 것을 인정하는 창피함' 때문에 선배가 당신에게 적의를 드러낼 가능성이 있기 때문이다.

"틀린 것 같은데요"라고 부정부터 하는 것이 아니라 "선배 이야기를 듣다 보니 문득 생각났는데요"라며 어디까지나 선배의 발언에 대한 이야기임을 밝히면 상대방을 자극하지 않을 수 있다. 힘이 강한 상대를 대할 때는 상대방의 힘을 역이용해 받아치는 합기도 같은 커뮤니케이션이 유용하다. 타격에 타격으로 응수하면 싸움이 되고, 결국 경쟁에서 지게 된다.

23/50

문제의 경위,
변명부터 보고하지 않기

#업무진행법 #입문기

●── 상사와 거래처에 문제가 되는 내용을 보고할 때는 결과부터 보고하자. 일의 경위나 변명부터 시작하면 안 된다. 업무 중에 일어나는 문제의 원인이 100퍼센트 특정인의 책임인 경우는 거의 없다. 실수를 방지하기 위해 당신이 사전에 세운 대책이 있었을지도 모르지만, 수많은 사람이 함께하는 프로젝트에서는 불가피한 실수가 존재하는 것도 사실이다.

그런데도 우리는 창피함에 굴복해 자신의 무결함을 증명하려고 애쓴다. 당신만의 잘못이 아님을 알고 있는 상대방에게 변명부터 시작하면 당신은 자신을 지키려는 사람으로만 보인다. **상대방이 알고 싶은 것은 '당신의 잘못이 아닌 이유'가 아니다.** 그런데도 일보다 자신을 지키는 데 급급한 모습을 보이고 만다. 실수 자체보다도 변명으로 말을 시작하는 모습으로 신뢰를 잃을 가능성이 더 크다.

이상적인 자신의 모습을 고집하는 사람일수록 이상에 미치지 못하면서 느끼는 창피함도 커진다. 자신을 지키려고 하다가 역효과가 나버리는 것이다. 우선은 자신의 미비함을 받아들이고, 사실에 따른 결과를 설명하는 것 외에 신뢰를 회복할 수 있는 길은 없다.

회의에서
서기 역할 자처하기

#업무진행법 #회의 #입문기

● — 회의에서 발언하는 것이 어렵다면 서기 역할을 추천한다. 이때, 노트북이나 공책 등이 아닌 화이트보드가 있다면 마음껏 활용하자. 여러 사람의 의견을 화이트보드에 정리하기만 해도 충분히 팀에 도움이 된다. 경직된 논의 중에는 그곳에 자신의 의견을 함께 적어 넣는 것도 좋다. 화이트보드 옆에 서 있으면 머릿속에 떠오르는 생각을 발언하기도 쉬워진다.

자신이 발언할 여지가 없어 보이는 회의일수록 화이트보드에 논의 사항을 정리할 사람이 필요하다. 왜냐하면, 선배들의 머릿속은 온통 자신의 의견을 피력하려는 생각으로 가득 차 있기 때문이다. 다른 사람의 의견을 객관적으로 가시화할 수 있는 사람은 지금까지 의견을 말한 적이 없던 나밖에 없을지도 모른다.

온라인 회의라면 회의에서 어떤 논의가 이루어졌고, 무엇이 결정된 사항이고, 다음 단계는 무엇인지를 간단히 정리한 회의록을 만들어 참가자에게 공유하기만 해도 좋다. 회의가 끝난 후에 회의 내용을 모두 파악하고 있는 사람은 의외로 많지 않은 데다가 참가자끼리도 인식이 통일되지 않은 상태인 경우가 많기 때문이다. 여러 사람의 의견을 정리해 공유하기만 해도 충분히 팀에 도움이 된다. 무엇보다, 회의의 질을 올리는 데 공헌하려는 태도가 주변인에게 긍정적으로 작용할 것이다. **중요한 것은 능력보다 태도다.**

내 멋대로 내가
프로젝트 리더라고 생각하기

✔— 선배와 상사가 일을 맡겼을 때, 나는 잡일 담당이니까 어쩔 수 없다고 불평하며 마지못해 그 일을 한 적은 없을까? 특히 신입 때는 선배들이 하지 않는 '누구나 할 수 있는 작업'을 부탁받는 일이 많다.

그런데 사실 이 세상에 '잡일'이라는 것은 존재하지 않는다. **일을 잡스럽게 처리하면 그 일이 '잡일'이 될 뿐이다.** 회의 세팅, 자료 정리, 인쇄물 철하기……. 이러한 일들은 잡일로 보일 수 있다. 하지만 선배들은 **'누구나 할 수 있는 일을 잘 처리하는지'** 지켜보고 있다.

이럴 때 나는 스스로를 '잡일 담당'이 아닌, 이번 일의 '프로젝트 리더'라고 (내 멋대로) 생각한다. 착각은 자유다. 그러면 지금까지 '누군가 시킨 잡일'로 보였던 일들이 '내가 프로젝트를 성공시키기 위해 필요한 과정과 환경'으로 보이기 시작한다. 회의 장소, 자료 제목과 순서, 스테이플러를 찍는 방향 등 모든 것이 일을 성공시키기 위해 필요한 사전 준비다.

'프로젝트 리더도 아닌데 리더를 자칭해도 되는 걸까' 생각하고 있지는 않은가? 그래도 괜찮다. 이 세상에 잡일이라는 것은 없다. 마찬가지로 당신도 '잡일 담당'이 아니다.

26/50

부서를 옮겼을 때에는
같은 층 사람들에게 모두 인사하기

#사람사귀기 #첫만남 #입문기 #발전기

●── 부서를 옮겼을 때, 그 부서의 분위기나 문화를 잘 모른다는 이유로 수동적인 자세로 조용히 자리에 앉아 있기만 하면 안 된다. 이동하자마자 먼저 주변 사람들에게 인사하자. 인사는 언제나 선제공격이 먹힌다.

가능하다면 이동 직후 일주일 이내에 같은 층 사람들에게 모두 인사하자. 첫인사의 타이밍은 이동한 직후가 가장 부담이 적다. 인사 타이밍을 놓치면 서로 얼굴은 알지만 인사하지 않고 지나가는 관계가 되어버린다. 첫 단추를 잘못 끼우면 이후에는 같은 층에 있어도 우연한 계기가 아니면 서로를 알 기회를 놓치고 만다.

인사를 돌면 처음 대면하는 사람이라도 모두 '한번은 이야기한 적 있는 사람'이 된다. 모르는 사람들 사이에 껴서 일하면 정신적으로 피로하기도 하고, 모르는 사람이 다가올 때마다 인사를 해야 할지 말지 고민하게 된다. 한번 인사해두면 나의 심리적 안전성도 확보할 수 있다.

좌석표를 손에 들고 일주일 이내에 모든 사람의 자리에 가서 상대방의 이름을 부르며 인사해보자. 잘못해서 "처음 뵙겠습니다"라는 인사를 두 번 하지 않도록 좌석표에 인사를 마친 사람을 체크해두면 좋다. 인사 문화가 없는 직장이라면 오히려 이것이 기회다. 인사를 건네 온 것만으로도 놀라서 당신을 틀림없이 기억할 것이다. 자, 그럼 이번에야말로 창피를 듬뿍 무릅쓰면서 인사를 건네보자.

익명이라도 좋으니
SNS에 글 올리기

#사람사귀기 #SNS #입문기 #발전기

●— SNS는 자신이 아직 모르는 새로운 가능성과 만날 수 있는 장소다. 하지만 이와 동시에 외적 창피함을 느끼는 원인이 되기도 한다.

SNS와 창피함은 궁합이 나쁘다. SNS를 볼 때마다 타인과 비교하며 자신의 삶이 하찮게 보이거나, 타인의 성공과 삶이 부럽게 느껴진다. 이처럼 자기 부정적 감정이 강해졌을 때는

SNS와 적절한 거리를 유지하는 편이 좋다.

라이벌로 여기는 동료, 눈부시게 활약하는 선배 그리고 성가시게 구는 후배 등 내 행동에 방해 요소가 될 법한 사람이 있다면 그들의 SNS를 차단해도 좋다. 물리적으로 당신의 타임라인에 보이지 않게 하면 그들의 일거수일투족을 신경 쓰는 나날에서 해방될 수 있다.

반대로, 창피함을 극복하기 위해 SNS를 이용할 수도 있다. 익명으로 트위터에 글을 올려보자. 얼굴을 내보이지 않고 그날의 복장을 인스타그램에 찍어 올려보자. **평소라면 절대 할 수 없을 것 같은 일을 나라는 존재를 숨기고 시도해볼 수 있는 것이 SNS다.** SNS는 가장 간편하게 창피함을 극복할 수 있는 도구다.

SNS는 지금까지의 커리어나 인간관계에서는 얻을 수 없는 비연속적인 경험을 선사할 것이다.

나를 위해
상사와 잡담하기

#사람사귀기 #입문기 #발전기

●— 상사와의 대화를 귀찮다고 여기는 사람이 많을 것이다. 직장에서 일과 관련 없는 잡담은 되도록 피하고, 최소한으로 필요한 보고, 상의, 연락만 하는 사람도 적잖을 것이다. 하지만 우리는 상사와 적극적으로 소통하는 편이 좋다. 당신이 느끼기에 차가워 보이는 상사여도 사실 자신이 먼저 말을 거는 것이 쑥스러웠을 뿐일지도 모른다. 그들 또한 따르는 부하가

없으면 외로운 법이다.

상사의 눈에 들기 위해 아첨을 떨라는 말은 아니다. **일상적인 소통은 서로의 심리적 안전성을 확보하는 일로 이어진다.** 당신이 먼저 적극적으로 소통하려고 하면 그들도 안심한다. 상사도 부하에게 존경받고 싶고, 의지할 수 있는 사람이 되고 싶기 때문에 상대방이 자신에게 관심을 가져주지 않으면 불안해한다. 이 불안감이 해결되지 않은 상태로 자신의 설 자리가 위협받는다는 생각이 들면 후배를 향해 윽박지르거나 강제력을 행사하려 드는 것이다.

우리는 소통이라는 간단한 방법을 통해 나는 당신의 적이 아니라는 자세를 취할 수 있다. 나 또한 평소에 상사와 자주 대화해두면 곤란한 일이 생겼을 때 상의하기도 쉽다. 나의 심리적 안전성을 확보하기 위해서라도 이야기를 먼저 건네보자.

29/50

먼저 연락하고 직접 만나서
나를 알리기

#사람사귀기 #입문기 #발전기

⌄— 노력하다 보면 누군가가 나를 발견해줄 것이라는 생각은 망상이다. '이 사람과 일해보고 싶다'는 생각이 들면 회사 안팎 할 것 없이 먼저 만나러 가자. "당신의 이야기를 듣고 싶어요"라는 말을 듣고 기분 나빠할 사람은 없다.

모든 일은 나를 알리는 데서 시작한다. 조금은 뻔뻔한 사람이 되어보는 것도 괜찮지 않을까? 아무도 나를 모르는 현 상황보다는 훨씬 나을 것이다. 만약, 적극적인 당신의 연락을 무시한다면 그런 사람과는 관계를 맺을 필요가 없다. 친해진들 당신에게 전혀 도움이 되지 않는다고 생각하며 포기하자.

이렇게 스스로 움직이기 시작하면 행동의 선택권은 당신에게 넘어온다. 상대방이 손윗사람이더라도 당신이 그들에게 선택받는 것이 아니다. 그 사람과의 관계 형성도, 관계를 형성하는 방법도 당신이 고르는 것이다. 먼저 만나러 갔는데도 이야기를 나눌 기회가 생기지 않는다면 포기하기도 쉽다. 그런 사람도 언젠가는 함께 일할 날이 올지도 모른다.

수동적인 자세로 누군가 손을 뻗어주기만을 기다리면 '노력하고 있는데 아무도 알아주지 않아'라며 자신이 처한 상황을 남 탓으로 돌리기 쉽다. 그렇게 되면 충족될 리 없는 인정 욕구의 늪에서 빠져나올 수 없다.

누군가에게 선택받기를 기다리지 말자. 행동의 선택권은 나 자신에게 있다.

회식 자리는
한가운데에 앉기

#사람사귀기 #회식 #입문기 #발전기

◉— 인원이 많은 회식 자리에서 당신은 어느 자리를 선택하는가? 긴 테이블의 끝에서부터 채워 앉거나 친한 사람끼리 모여 앉는 경우가 많을 것이다.

회식 자리에서는 되도록 한가운데에 앉는 것이 좋다. **분위기를 띄울 자신이 없는 사람일수록 끄트머리가 아닌 정중앙에 앉아야 한다.** 끝자리에는 두 가지 리스크가 있기 때문이다.

먼저, 옆 사람과의 대화에 끼지 못했을 때 고립되기 쉽다. 고립된 당신은 쓸쓸한 마음에 스마트폰을 만지작거릴 것이다. 한가운데에 앉으면 왼쪽, 오른쪽, 앞쪽의 세 사람 중에서 대화 상대를 고를 수 있다. 앉는 자리를 바꾸기만 해도 대화의 선택지가 생기는 것이다.

두 번째는 손윗사람 같은 주빈이 있는 경우에는 대부분 가운데 자리에 앉기 때문에 구석에 앉아 있으면 직장이나 강연회에서는 말하지 못했던 속내나 뒷이야기를 놓치기 쉽다. **만약 주빈이 있다면 그 사람의 대각선 앞자리에 앉는 것이 좋다.** 바로 옆이나 정면에 있으면 계속 그 사람과의 대화에 집중할 필요가 있지만, 대각선 앞이라면 때로는 다른 사람과도 대화할 수 있다. 대화의 선택권은 여전히 우리에게 있다.

이처럼 구석에 앉는 것보다 가운데에 앉는 것이 리스크가 적다. 가운데에 앉는다고 해서 당신을 뻔뻔한 사람이라고 여기는 사람은 없다. 만약 그런 사람이 있다고 한들, 그런 사람과는 회식 자리에서 어울리지 않으면 된다.

모임에서
지인하고만 이야기하지 않기

#사람사귀기 #회식 #입문기 #발전기

●── 친목 모임이나 스터디 모임에 참여했을 때, 당신은 가장 먼저 무엇을 하는가? 그 자리에 아는 사람이 없는지 찾아보고, 아는 사람이 있을 때는 휴 하고 안도의 한숨을 내쉰다. 그리고 그의 옆자리가 비어 있다면 망설임 없이 그 자리에 앉지는 않는가? 혹은 우리의 파트너인 스마트폰에 손을 뻗어 혼자 시간을 보낼 것이다.

모처럼 소중한 시간을 할애해 발걸음을 옮겼는데도 우리는 저도 모르게 이 두 가지 일을 하고 만다. 만약 당신이 내성적인 사람이라면 더더욱 이 두 가지는 하지 않았으면 한다. 이 행동들은 당신을 '닫혀 있는 사람'처럼 보이게 하기 때문에 다른 사람이 당신에게 말을 걸 확률이 극히 낮아진다. 지인과 이야기하는 것도, 스마트폰을 들여다보는 것도 하지 말자.

그곳에는 당신과 같은 목적을 가지고 모인 사람들만 존재한다. 이왕 **참여했으니 처음부터 끝까지 모르는 사람과 만나는 시간을 가져보자.** 구체적으로는 무엇을 하면 좋을까? 나처럼 '혼자 참여한 사람'을 찾아 말을 걸어보는 것이다. 대화 내용은 무엇이든 좋다. 예를 들면, "저는 오늘 새로운 친구를 다섯 명 이상 만들고 돌아가자고 스스로 정했어요"라고 말하면 어색하지 않게 말을 걸 수 있다.

먼저 말을 걸 만한 주제가 없다면 상대방에게 질문해보자. 지인과의 대화는 나중에 해도 괜찮다. 처음 말을 건 사람을 지인에게 소개하는 것도 좋은 방법이다.

32/50

회의 의제를
메일로 미리 보내두기

#업무진행법 #회의 #입문기 #발전기

●── 회의에 참석하면 누가 요구하지 않아도 자신의 생각을 그 자리에서 말하는 것이 가장 이상적이다. 하지만 어떤 이유로든 그것이 어렵다면 발언하는 것 외에 회의에 '참여'할 수 있는 방법을 찾아보자.

예를 들면, 그날의 의제를 정리해 먼저 보내두는 것이다. 회의 중에 발언하지 못하더라도 회의 전체의 큼지막한 방향을 설정하는 역할을 할 수 있다. 의제를 정리하는 것은 프로젝트가 올바른 방향으로 진행되는 데 공헌하는 중요한 일이다.

매일 들어가야 하는 회의가 많다면 그 회의에서 논의해야 하는 주제나 결정하는 사안이 무엇인지 파악하지 못하는 경우도 생긴다. 그러면 당연히 회의의 효율이 떨어진다. 당신이 회의 중에 발언하지 않아도 되는 입장이라면 그것을 역이용하여 회의를 관망하며 방향성을 잡아주는 것도 하나의 방법이다. **자신의 역할은 스스로 찾자.**

만약 당신 외에도 회의를 진행하는 담당자가 있다면 회의 전마다 그 담당자에게 당신이 생각한 과제와 그날의 회의 목표를 미리 메일로 보내두는 것도 좋다. 이 일을 반복하다 보면 회의 중에 그 담당자가 당신에게 의견을 물어볼지도 모른다. 더 나아가 진행 담당자 역할을 맡길 수도 있다. 쉽게 할 수 있는 일로 창피함을 극복해보자.

33 / 50

자료를 완성하기 전에
중간 과정을 공유하기

#업무진행법 #입문기 #발전기

✅— 선배나 상사에게 공유하는 자료는 완성에 가까운 상태로 만들어야 한다고 생각하는 사람이 많다. 성실한 사람일수록 상사나 거래처가 맡긴 일을 '완벽'하게 하려고 하는 것이다. 중간 단계의 미완성 자료를 타인에게 보여주는 것을 부끄럽게 여겨 마감 날짜까지 계속 붙들고 있는다. 그런데 나의 100점과 타인의 100점은 다를 수 있다. 자료를 제출하고 나서

야 의뢰인과 나 사이에 엄청난 인식차가 있었다는 것을 깨닫고 호되게 혼난 경험을 한 사람도 있을 것이다.

업무는 중간 단계를 보여주어야 서로의 스트레스가 줄어든다. 자료를 만들기 전에 텍스트로 간단한 과정을 적어 메일로 확인하기만 해도 인식의 차이를 미리 줄일 수 있다. 텍스트라면 확인하고 지시하는 사람도 답장만 해주면 된다. 자료를 만든 후에는 오히려 확인에도 수정 지시에도 시간이 걸린다. **완성도가 높은 깔끔한 자료로 만들기 전에 텍스트로 메일을 보내는 것은 실례가 아니다. 오히려 상대방의 일을 덜어주는 일이다.**

자료 작성을 요청했더라도 요청한 사람 또한 아직 완성된 형태를 생각하지 않고 있을 가능성이 높다. 사전에 공유를 하면 요청한 사람은 머릿속으로 더 구체적인 상상을 하며 생각을 정리할 수 있다. 자료를 만들기 전이나 중간 단계라도 괜찮으니, 서로를 위해서 지금 생각하고 있는 것들을 문장으로 적어 공유해보자.

34/50

자신의 강점을
스스로 정해 공표하기

#나와마주하는법 #입문기 #발전기

●── 자신의 강점을 물어봤을 때 바로 대답할 수 있는 사람은
많지 않다. 취직 준비를 하면서 자신을 분석하는 데 골머리를
앓았던 사람도 많을 것이다. 우리가 자신의 강점을 찾는 데 어
려움을 느끼는 것은 두 개의 커다란 착각 때문이다.

먼저, 우리는 자신의 강점을 내면에서 찾으려고만 한다. 그
러나 강점은 밖에서만 보이는 것이다. '역할'이라는 말로 바꿔

말하면 이해가 쉬울지도 모르겠다. **주변 사람에 비해 크게 힘들이지 않아도 되면서 타인에게 도움을 줄 수 있는 일을 생각해보자.**

다음으로, 강점이란 찾아서 발견하는 것이 아니라 스스로 만들어가는 것이다. 그러므로 이미 완성되지 않은 능력이라도 괜찮다. **스스로 '이 분야를 단련하겠어'라고 정하고 그곳에 깃발을 세워보자.** 강점을 공표하는 데는 용기가 필요하다. 앞으로 향상하려는 능력을 '강점'이라고 정한다면 더욱 그렇다. 같은 업계에 있는 사람들이 어떻게 생각할지 무척 걱정될 것이다.

하지만 괜찮다. 아직 단련하지 않은 일을 '강점'이라고 내세우는 '송사리' 따위 그 누구도 신경 쓰지 않기 때문이다. 갓 깃발을 세운 나를 눈여겨볼 사람은 아무도 없다. 일단 그곳에 깃발을 꽂겠다고 정했다면 공부하자. 주변에 있는 누구보다도 전문가가 되기 위해 노력하면 지금은 아무도 모르게 꽂은 깃발이 언젠가 바람에 나부끼는 커다랗고 훌륭한 깃발이 될 것이다.

'하고 싶은 일'보다
'해보고 싶은 일'을 말하기

#나와마주하는법 #입문기 #발전기

"하고 싶은 일이 없어요"라고 말하는 사람이 있다. 이들은 하고 싶은 일에 대한 기준을 스스로 올려 잡고 있을 가능성이 있다.

갑자기 '하고 싶은 일'을 명확히 말할 수 있는 사람은 별로 없다. 하고 싶은 일은 모두에게 존경받을 만한 일이 아니어도 된다. 아직 아무도 해보지 않은 일일 필요도 없다.

우선은 '해보고 싶은 일' 정도로도 괜찮으니 입 밖으로 꺼내보자. 갑자기 '하고 싶은 일'을 찾으려고 하면 '달성하고 싶은 일'처럼 기준을 올려 첫걸음을 내딛는 일조차 어려워지고 만다. '해보고 싶은 일' 중에서 몇 가지를 해보면 진심으로 임할 수 있는 일을 발견할 것이다. 이것들을 직접 입 밖으로 꺼내 언어화하면 나의 마음 또한 명확해질 것이다.

또한, 해보고 싶은 일을 말하면 주변에서 당신에게 공을 패스해줄 가능성도 있다. 직장뿐 아니라 사적인 자리에서 꺼낸 이야기가 나중에 업무로 이어질 수도 있다.

아마 많은 사람이 '하고 싶은 일'을 말하는 것의 중요성을 알고 있을 것이다. 그럼에도 실천이 어려운 이유는 창피함이 우리를 방해하기 때문이다. 우선은 스스로 기준을 낮추고, '해보고 싶은 일'부터 시작해보자.

도움을 준 후배에 대한 감사 인사는
사람들 앞에서 말하기

#사람사귀기 #숙련기

당신이 담당하는 거래처 일로 문제가 발생했다. 원인은 당신의 준비 부족이었는데 후배가 도와준 덕분에 어찌어찌 큰 문제로 번지지 않고 수습할 수 있었다.

이럴 때 당신은 어떤 심경일까? 나 때문에 문제가 생겼을 뿐 아니라 후배에게 도움까지 받아 꼴사나운 모습을 보였다는 데에 창피한 마음이 들 것이다. 게다가 중요한 거래처 앞에서 보인 행동이다. 거래처 담당자가 '저 사람 사고 치고 후배한테 도움이나 받고 몹쓸 선배네'라고 생각하지는 않을까 불안할 것이다. 하지만 이럴 때야말로 창피함을 극복할 기회다.

나의 실수를 커버해준 후배에 대한 감사 인사는 용기 내서 사람들 앞에서 말하자. 변명하지 말고 내 실수를 솔직히 인정하고, 고맙다는 인사를 건네보자. 일부러 사람들 앞에서 말하면 거래처 입장에서도 두 사람은 좋은 팀으로 보일 것이다. 후배 입장에서도 자신의 노력을 알아준 좋은 선배가 될 수 있다. 당신이 창피함을 극복하는 순간은 위기가 기회로 바뀌는 순간이다.

'선배니까 항상 존경받아야 한다'는 속박에서 벗어나면 직장에서 일할 때 마음이 조금 더 편해질 것이다. 후배들이 새로운 기술과 유행 등에 더 빠삭한 경우도 늘어나고 있다. 앞으로도 선배가 후배를 가르치는 역할을 할 것이라는 장담도 불가능하다. 이러한 상황을 긍정적으로 받아들이면서 회사 내의 관계도 다시 돌아보자.

37/50

후배의 활약에 대한 칭찬은
수평적으로 건네기

#사람사귀기 #숙련기

●── 거래처와 함께하는 자리에서 후배가 먼저 자료를 설명하고, 그 후에 "설명이 부족해서 조금 더 보충하자면"이라는 말과 함께 후배를 서포트하는 선배. 언뜻 보기에는 능력 있는 선배처럼 보일지도 모르지만, 이때의 선배는 후배의 노력을 무의식적으로 창피하게 만들고 있다.

　나는 많은 선배가 이런 말을 하는 장면을 수없이 봐왔다. 이런 상황을 겪으면 후배는 위축되고, 이후의 회의에서도 거의 발언하지 않게 된다. 후배를 위해 한 행동이 잘못된 결과를 초래하는 것이다.

후배가 노력했을 때는 직접 대면해서 칭찬해주자. 타인을 칭찬하는 일은 조금 쑥스럽다. 특히 후배의 노력 덕분에 성과가 나왔을 때는 나는 아무것도 하지 않았는데 후배가 혼자 성과를 내서 떳떳하지 못한 마음이 함께 들어 칭찬하기가 더 어려워진다.

후배를 칭찬하는 쑥스러움을 극복해보자. 당신의 말은 분명 후배들이 도전하는 에너지원이 된다. 사람은 칭찬받으면 힘을 낼 수 있다.

또, 칭찬할 때는 말투에도 주의하자. "잘했어" "기특해" 같은 말은 상대방을 내려다보는 말로, 상하관계를 상대방에게 강요한다. 칭찬할 때는 이런 말투보다 "대단하다" "역시 ○○씨야" 같은 말이 수평적 인간관계를 구축하기 쉽고, 상대방의 심리적 안전성도 확보된다.

부하의 실수에
화내지 말고 사과하기

#사람사귀기 #숙련기

⬤— 부하가 실수했을 때 화를 내는 행위는 결코 부하를 위한 일이 아니다. "알고 있어? 너 잘되라고 하는 얘기야"라고 아무리 말해봤자 화를 내는 진짜 이유는 부하가 당신의 기준에 부합하지 않는 행동을 했기 때문이다.

당신은 오랜 경험을 통해 자신뿐만이 아니라 타인에게도 높은 기준을 요구하고, 그 기준을 충족하지 못하는 상대방을 허용하지 못하고 있다. 하지만 당신의 상식이 모든 사람의 상식이라는 법은 없다.

자신의 관리하에 있는 부하가 실수를 저질렀을 때, 그것은 당신의 책임이다. 특히 사람들 앞에서 부하를 혼내면 안 된다. **이런 행동은 사람들 앞에서 "나는 지금 내 부하에게 책임을 전가하고 있어요!"라고 말하는 것과 같다.** 사람들 앞에서 부하를 질책함으로써 당신의 자리를 입증하려고 하는 꼴이다. 이는 부하에게 창피함을 강요하고, 그의 행동을 위축시킨다.

이럴 때는 화를 억누르고 반대로 사과해보자. 실수가 없도록 사전에 확인하지 않은 자신을 탓하자. 후배도 자신의 잘못을 안다면 혼나는 것보다 사과를 받는 쪽이 더 기억에 남을 것이다. 자신의 부주의 때문에 선배가 사죄하는 일이 다시는 일어나지 않도록 행동을 고칠 것이다. **화내는 것보다 사과하는 편이 효과가 좋다.**

고마운 마음을
고맙다로 끝내지 않기

#사람사귀기 #생활전반 #숙련기

●— 감사의 마음을 전할 때 "고마워"라는 말로 끝내지 말자. 사람은 고마운 마음을 표현할 때 쑥스러움을 느낀다. 자신의 감정을 드러내는 행위이기 때문이다. 특히 부모님이나 가족 등 상대방과 가까울수록 쑥스러운 기분이 든다. 무언가를 받는 것이 당연하고 일상적인 관계일 때 '새삼스럽게 말로 표현하는 게 부끄럽다'고 느끼기 때문이다. 하지만 소중한 사람일

수록 고마운 마음을 구체적으로 표현해야 한다.

"요즘 정말 바빴는데 도와줘서 살았다. 진짜 고마워"라는 말과 단지 "고마워"뿐인 말 중에서 도와준 사람 입장에서 어느 쪽이 더 '도와주길 잘했다'는 생각이 들까. 당신이 고마움을 얼마나 더 구체적으로 표현하느냐에 따라 상대방의 성취감은 크게 달라진다. 또, 무엇이 고마웠는지 구체적으로 말함으로써 내가 지금 처한 상황이나 고민거리를 함께 공유할 수도 있다. 감사한 마음을 구체적으로 표현하는 일은 상대방을 위한 일이면서도 내가 더 쾌적하게 생활할 수 있게 만들어주는 일이다.

가까운 사람에게 감사의 마음을 표현하는 것은 창피한 감정을 대가로 상대방에게 행복감을 줄 수 있는 몇 안 되는 행동이다. 내 앞에 있는 소중한 사람이 나를 위해 해준 것을 떠올리며 창피함을 무릅써보자.

40/50

가망 없는 기안은
재빨리 내치는 용기 갖기

#업무진행법 #회의 #숙련기

⊘── 우리는 기획 회의에서 처음으로 기획안을 내는 것을 '브레스토'라고 부른다. 여러 사람이 뇌에서 폭풍우를 휘몰아치게 만든다는 의미인 브레인스토밍의 약자다. 이 브레스토의 기본 규칙 중에는 '상대방의 의견 부정하지 않기'라는 항목이 있다. 부정하지 않는 것으로 서로의 심리적 안전성을 확보하고, 대담한 기안을 낼 수 있도록 하기 위함이다. 하지만 난점

도 있다. 브레스토 참가자가 낸 '폭풍우의 씨앗이 될 가능성이 있는 안'과 '폭풍우의 씨앗이 될 가능성이 없는 안'을 나누지 않으면 언제까지고 작업이 진행되지 않는다.

불필요한 기안을 빨리 버리면 이후의 시간은 폭풍우의 씨앗이 될 가능성이 보이는 기안을 다듬는 데 쓸 수 있다. 당신이 타인의 안을 부정하지 못하는 것은 비단 브레스토의 규칙 때문은 아니다. 창피함도 그 원인 중 하나다. 단순히 미움받고 싶지 않다는 마음과, 다른 사람의 안을 부정하면 나는 더 좋은 안을 내야 한다는 부담 때문에 타인의 안을 부정하지 못하는 것이다.

타인의 안을 부정하지 못하는 이유가 창피함인지 아닌지 구분하는 습관을 들여보자. 부정은 '이쪽이 아니라 저쪽'처럼 방침을 제시하는 일이기도 하다. 별로라는 생각이 드는 안은 팀을 위해서라도 용기를 갖고 버려보자.

솔직하게
모른다고 대답하고 배우기

#나와마주하는법 #숙련기

●── 친구와 음악이나 영화 같은 취미 이야기로 분위기가 무르익었을 때, 데이트하면서 음식이나 술을 시킬 때, 전문 용어나 외국어가 난무하는 회의에 참석했을 때, 잘 모르는 것에 대해 반사적으로 아는 척한 적이 있는가?

우리는 모른다는 사실에 창피함을 느껴 체면을 차리기 위해 모른다는 사실을 숨기고 만다. 아는 척하는 것은 쉽지만, 그럴 때마다 창피함은 우리에게서 '알 기회'를 빼앗아 간다. 잘 알고 있는 사람들이 주변에 수두룩한데도 우리는 배울 기회를 눈앞에서 놓치고 마는 것이다.

모르는 것을 꼴사납다고 생각하는 한, 당신은 이 창피함을 극복해낼 수 없다. 나이를 먹을수록 '모르는 것을 창피하게 여기는 마음'은 더욱 거세질 것이다. 모르는 주제가 나올 때마다 거짓말을 하게 될 것이다.

이런 창피함은 특히 더 빨리 극복해야 한다. 그때 용기를 내서 "그게 뭐예요?"라고 물었더라면 당신이 좋아하는 음악이 하나 더 늘었을지도 모른다. 취향에 맞는 와인을 찾았을지도 모른다. 새로운 일이 기다리고 있었을지도 모른다. **모르는 것을 인정하고 질문하는 사람은 무식하고 어리석은 사람이 아니라 배우려는 자세로 가득한 긍정적인 사람으로 보인다.** 모르는 것은 부끄러운 일이 아니다. 창피함은 새로운 것을 배우기 위해 치르는 비용이다.

42 / 50

거슬리는 질문을 하는 사람을 소중히 하기

#나와마주하는법 #숙련기

●— 업무에서 '이래야만 한다'는 이상과 미학은 업무의 질을 높이는 데 필요하다. 경험을 쌓으면 이상과 미학은 더욱 명확해지고, 자기 자신을 바라보는 눈도 엄격해진다.

동시에 '이래야만 한다'는 자기 자신에게 거는 '저주'다. 자신뿐만 아니라 자신의 기준을 충족하지 못하는 주변 사람까지도 수용하지 못하게 된다. '나는 이렇게 노력하는데 왜 기대에 부응하지 못하는 거야'라는 생각을 하면서 말이다.

'이래야만 한다'는 강박 또한 창피함과 관련이 있다. 기준을 충족하지 못하는 내가 부끄러워 수용하지 못하는 것이다. 이 저주에 걸리면 기준 밖에 있는 것들을 모두 버리고 만다. 그곳에 새로운 가능성이 숨어 있을지 모르는데도.

한번 침착하게 자신의 '해야만 한다'는 생각을 의심해보자. 스스로의 미학을 글로 적어 객관적으로 재고해보자. 왜 그래야만 하는지 스스로 묻고 답하면서 원인이 된 창피함과 욕망을 찾아보자.

그리고 **당신에게 의문을 품는 사람이 있다면 그 사람을 소중히 하자. 그 사람은 당신이 스스로 저주를 푸는 계기를 만들어줄 구세주다.** 또한, 나이가 들수록 그 구세주는 당신 앞에 나타나기 어려워진다.

43/50

센 척하지 말고
상대방의 지혜 빌리기

#나와마주하는법 #숙련기

●— 업무에 경험이 쌓일수록 틀리면 안 된다, 실수하면 안 된다는 부담을 스스로에게 지운다. 그 두려움 때문에 아는 체하거나 틀리지 않기 위해 신중해진다. 경험이 풍부해질수록 '위기를 모면하는 기술'을 터득하는 것이다.

그러나 언젠가 그 허물이 벗겨질 때, 당신은 지금까지 쌓아온 신뢰를 잃게 된다. 요컨대, 얼버무리는 데는 그만큼 큰 위험이 따른다.

우리는 전문가에 대해 착각하면 안 된다. **'프로'란 '틀리지 않는 사람'이 아니라 '한 영역에서 누구보다 창피를 많이 당해본 사람'이다.** 실패를 잔뜩 맛보고, 몇 번이고 창피를 무릅쓰면서 실패를 피하는 능력이 생겨 프로라고 불리게 되었을 뿐이다. 실패를 모르는 프로는 없다.

나를 있는 그대로의 나보다 크게 보일 필요는 없다. 있는 그대로의 생각을 말하는 습관을 들여보자. 만약 혼자서 해결할 수 없을 것 같다면 상대방을 끌어들일 용기를 갖자.

"솔직히 말씀하시는 내용을 잘 몰라서요, 조금 더 설명해주시겠어요?" "처음 있는 일이라 어떻게 해야 할지 고민이 되는데, 어떻게 생각하세요?" 하고 상대방의 지혜를 빌리면 함께 해결해줄지도 모른다. 프로라고 해서 혼자서 모든 것을 짊어질 필요는 없다.

남에게 맡기고 싶은 일은
나서서 직접 해보기

#나와마주하는법 #숙련기

◉— 부하 직원이 생기면 시간이 걸리는 작업이나 일을 손이 비어 있는 후배에게 부탁하는 경우가 늘어난다. 인건비를 고려하면, 몸값이 비싼 나보다 후배가 작업하는 편이 조직의 효율 면에서 지극히 타당하다. 그러나 그 일을 후배에게 모두 맡겨버리면 나의 지식과 견문이 쌓이지 않는다는 문제가 생긴다. **외주를 맡겨버리면 노하우가 쌓이지 않는 것이다.**

특히, 내가 모르는 일을 남에게 맡기면 편하기야 하겠지만 그 영역의 일을 내가 이해할 수 있는 날은 영원히 오지 않는다. 그 상황에 익숙해지면 잘 모르는 일을 직접 하는 데 대한 두려움도 생긴다.

이제는 직접 움직여보자. 후배가 더 정확하고 재빨리 작업을 끝낼 수도 있다. 어떤 분야에서는 후배보다도 내가 더 능력이 없다는 것이 들통날지도 모른다. 그리고 창피한 기분이 들지도 모른다. 그래도 스스로 해보자.

한번 직접 해보면 좋은 의미에서 나의 무능력함이 밝혀진다. 못한다는 것을 알게 되면 잘하는 사람에게 배울 필요성이 생긴다. 앱이나 기자재 사용법, 최신 유행 등 때로는 후배에게 배우는 선배가 되어도 좋다. 이렇게 되면 후배를 존중하는 마음도 강해질 것이다. 그리고 그때가 바로 창피함을 극복할 순간이다.

45/50

지금의 영역을 벗어나
도전해보기

#나와마주하는법 #숙련기

◉— 지금부터 설명하는 창피함은 숙련기의 가장 큰 적이다. 경험이 풍부하기에 새로운 일에 도전하는 것이 부끄럽다는 생각이 든다. 실제로, 무언가를 달성한 사람은 그 자리에 머무르는 편이 자신의 위치를 지킬 수 있기에 편하다.

하지만 앞으로는 그 자리가 언제까지고 변함없을 것이라는 보장이 없다. **안락한 자리에서 스스로 일어나 다른 자리를 찾아 나**

서는 여행을 떠날 시기가 언젠가 온다. 다시 한번 도전자가 되어 창피를 무릅쓸 것인지 말 것인지 결정해야 하는 순간이다.

지금 자리에서 갑자기 뛰어내리라는 이야기는 아니다. 조금씩 발을 내디디면서 영역 밖으로 나오기를 반복하면 된다. 영어에는 '스스로를 앞으로 밀어내라(전진하라)'는 뜻의 'Push myself forward'라는 말이 있다. 나의 완력은 한계가 있지만, 그 미력한 힘으로나마 스스로 등을 조금씩 밀어줄 필요가 있다.

도전이 창피하다면 누구에게도 알리지 말고 조용히 시작해보는 것도 좋다. 하지만, 오히려 도전한단 소식을 주변에 알리는 것이 더 편할 수 있다. '도예를 시작한 40대 회사원' '50대 회사원이 프로그래밍 학원에 다녀온 후기' 등 SNS에 도전과정을 콘텐츠로 올리는 것도 좋은 방법이다.

이렇게 도전한다는 소식을 외부로 발신하다 보면 나를 응원해주는 사람과 그렇지 않은 사람이 명확해진다. 그러면 앞으로 어떤 사람을 소중히 하면 되는지 구분할 수도 있다.

조금 화려해도
좋아하는 옷 입고 나가보기

#나와마주하는법 #일상생활 #입문기 #발전기 #숙련기

●── 복장과 창피함은 떼려야 뗄 수 없는 밀접한 관계다. TPO에 맞지 않는 의상은 아닐지, 주위에서 촌스럽다고 하지는 않을지, 거울로 자신의 모습을 확인할 때마다 우리는 불안해한다.

개성의 시대라고 말하면서도 SNS를 보면 비슷한 옷을 입은 사람들로 넘쳐난다. 좋아하는 옷을 입었다면 괜찮다. 그러나 주변 눈을 의식해서 그 옷을 입었다면 앞으로도 계속 '촌스럽게 보이기 싫다'는 마음으로 옷을 고를 것이다. 그러면 패션은 고통이 된다.

좋아하는 옷을 입는 것은 창피함에 대한 면역력을 키우는 데 효과적인 방법 중 하나다. 주위를 신경 쓰지 않고 좋아하는 옷을 입는 데는 용기가 필요하다. 빨간 니트를 입으면 "오늘은 산타가 나타났네", 국방색 무늬를 입으면 "어디 전쟁 났어?" 등 이렇게 화려한 옷을 입으면 빈정대는 사람이 반드시 나타난다.

빈정대며 상대방을 조롱하는 행위는 타인에게 창피함을 강요하는 일이다. 만약 시시한 농담으로 나를 놀리려는 사람이 있다면 보기 좋게 맞받아치자. "그렇게 말하는 걸 보니 당신은 크리스마스 선물은 못 받겠네요." "오늘은 엄청난 전투가 있다고 들어서요." 이 정도로 받아칠 수 있다면 창피함을 극복하고 화려한 옷도 당당히 입고 다닐 수 있다. 눈에 띄는 옷을 입고 다니는 일은 창피함에 익숙해지기 위한 특훈이다.

누구에게도 말하지 말고
조용히 시작해보기

#나와마주하는법 #일상생활 #입문기 #발전기 #숙련기

우리가 눈으로 직접 보는 것들은 대부분 이미 성공한 상태다. 예쁘게 핀 꽃을 길거리에서 발견했을 때, 우리는 그 꽃을 마치 한순간에 그곳에서 피어난 것이라 착각한다. 물론 그 꽃은 갑자기 피어난 것이 아니다. 뿌리가 땅속에서 굳건히 자리를 잡으면서 싹이 트고 줄기가 자라 꽃을 피운 것이다. 이처럼 타인의 성공도 갑자기 이뤄진 것처럼 보일 수 있지만, 그 성공 뒤에는 조용히 노력을 거듭한 시기가 있음을 잊지 말아야 한다.

어떤 일이든 처음부터 대단한 효과와 성과를 기대하지 말자. 하지만 자신이 하는 일에 성과가 나지 않는다는 사실을 타인이 알아는 것 또한 창피한 일이다. 이럴 때는 조용히 시작해보자. 처음에는 소규모여도, 세상 사람들의 반응이 없어도 우선 시도하는 것이 중요하다. 남들 몰래 조용히 시작하면 부담감도 줄어든다.

첫걸음을 내딛는 데는 심리적 부담감이 크기 때문에 목표를 너무 크게 세우면 역효과만 날 수 있다. 부담을 덜고 아무도 모르게 시작해보자. 사람들이 알게 될 즈음에는 성과가 날 수도 있고, 열정이 지속되지 않는다면 조용히 그만두어도 된다. 일이 잘 풀리지 않더라도 당신에게는 '용기를 냈다'는 귀중한 경험이 남는다.

48/50

준비가 완벽하지 않아도
시작하기

#나와마주하는법 #입문기 #발전기 #숙련기

누구나 성공을 위해서라면 일을 시작하기 전에 충분히 준비할 필요가 있다고 생각한다. 물론 준비를 충분히 해두면 실패할 확률은 줄어들고 성공할 확률은 올라간다. 하지만 '완벽한 준비'를 추구한 나머지 좀처럼 행동을 개시하지 않는다면 본전도 찾지 못할 수 있다. 새로운 일에 도전할 때 '아직 완벽하지 않은 나를 드러내는 창피함'이 당신을 방해한다.

행동하기 전에 우리가 할 수 있는 준비는 뻔하다. 왜냐하면, 정말로 필요한 '준비'는 그 행동을 해본 사람만이 할 수 있기 때문이다. **이 세상에 '완벽한 준비' 따위는 없다.** 요즘은 준비와 실전의 경계가 점점 사라지고 있다. 제품이 출시되기 전부터 인터넷에는 수많은 후기가 넘쳐나며, 새로운 서비스도 베타 버전으로 시범 운영을 한 뒤 출시한다.

어떤 일이든 시험 삼아 해보는 정도의 마음가짐을 가지고 시작하면 좋다. 오버 스펙 장비는 첫걸음을 내딛기에는 지나치게 뛰어나며 오히려 방해만 된다. 시작 전에 한 준비가 불충분해도 괜찮다. 달리면서 필요한 것들을 갖추어나가면 불필요한 준비를 할 일도 없다. 어차피 완벽한 준비는 불가능하니까.

49/50

모두가 꺼리는 일을
나서서 해보기

#나와마주하는법 #입문기 #발전기 #숙련기

— 새로운 일에 도전하기 전, 주변을 둘러보면 '완벽하지 않은 건 나뿐만이 아니다'라는 사실을 깨닫고 내심 안심하게 된다. 하지만 모두가 완벽하지 않다고 해서 안심하고만 있으면 안 된다. 이것은 곧 기회이기 때문이다.

우리는 모두 창피함을 회피하기 위해 행동한다. 즉 당신이 창피하다는 감정 때문에 피하려고 했던 행동은 누구나 피하고 싶은 행동이다. 그렇다면 사실 수요가 존재함에도 그 자리가 아직 비어 있을 가능성이 있다. 당신이 만약 창피함이라는 선택지를 고른다면 그것은 대단한 기회가 될지도 모른다. **아무도 앉고 싶지 않아 하는 그 자리에 용기를 내서 가장 처음 앉기만 하면 된다.** 창피하다는 감정을 기회를 찾기 위한 표식으로 삼자.

아무도 하지 않은 일을 하면 눈에 띄기에 더 창피하다. 그렇기에 용기를 낸 자가 최초의 인물이 될 수 있다. 지금은 유튜버도 어엿한 직업이 되었지만, 처음에는 아니었다. 창피함 때문에 아무도 하지 않았던 일을 누구보다 빨리 촬영해서 전 세계에 공개했던 사람들이 유명 유튜버가 되었다. 연예인들도 가담하면서 시청자 사로잡기가 한창이기 때문에 일반인이 지금부터 유튜브를 시작하는 것은 어려운 일이 되었다.

모두가 쑥스러워서 하지 못했던 일을 빨리 시작하기만 해도 대단한 어드밴티지를 얻을 수 있다. 당신이 창피하다고 느낀다면, 그것은 기회다.

50/50

고민될 때는
창피한 쪽을 고르기

#나와마주하는법 #입문기 #발전기 #숙련기

⊘— 우리는 일상생활에서 무의식적으로 창피함을 회피하는 행동을 한다. 가능하다면 모두 창피당하지 않고 살아가고 싶다. 창피함이 스트레스를 유발하기 때문이다.

지하철에서 자리를 양보할지 스마트폰을 보는 척할지, 곤경에 처한 사람에게 말을 걸지 귀갓길을 서두를지, 회의에서 아이디어를 말할지 다른 사람들의 눈치를 볼지. 이처럼 매일 선택의 연속에서 우리는 창피한 행동을 피하려 한다. 성과를 올릴 수 있을 것 같은 '적극적 선택지'가 있어도, 그 속에 창피함이 숨어 있는 것을 발견하면 되도록 덜 부끄러운 편을 고르고 만다. 창피함은 우리의 판단을 가로막는다.

이럴 때는 반대로 행동해보자. 고민될 때는 창피한 편을 고르자. 창피함을 표식 삼아 행동해보자. **'고민될 때는 창피할 것 같은 선택지를 고른다'를 나만의 규칙으로 만들기만 해도 행동할 때 적극적으로 도전하는 편을 고르게 된다.**

창피할 것 같은 선택지를 고르기만 하면 당신은 자리를 양보하고, 곤란해 보이는 사람에게 말을 걸고, 회의에서 발언할 수 있게 된다. **이것은 반사적으로 창피함을 회피하려는 '무난'이라는 자신의 틀을 깨기 위한 방법이다.**

창피함을 넘어서면
오는 행복

이 책을 통해 창피함이라는 부정적 감정을 긍정적으로 바라볼 수 있게 만드는 것이 제 도전이었습니다. 누구나 부끄러운 경험을 하고 싶지는 않지요. 하지만 창피함을 극복한 순간, 우리 앞에 기회가 나타난다는 것을 십 년 전, 광고 일을 하면서 알게 되었습니다. 그렇다면 창피함은 기회를 찾아내기 위한 표식일지도 모른다고 생각했지요.

무엇보다, 수없이 많은 책 가운데 이 책을 골라주셔서 감사합니다. 저는 신입 사원과 선배가 함께 회의하는 자리에서 일어난 일을 보고 이 책을 써야겠다고 다짐했습니다. 무엇보다도 창피함 때문에 계속 첫걸음을 내딛지 못했던 십 년 전의 나에게 해주고 싶었던 이야기였습니다. 여기에 적힌 것들을 당시 제가 이해하고 실천했더라면 더 성공했을지도 모르지요.

창피함에 대한 면역력을 갖추고 있었더라면 수많은 기회를 손에 쥐었을지도 모릅니다. 하지만 지난 일을 후회해봤자 소용없지요. 창피함에 대한 면역력을 높이고, 앞으로 인생에서 창피함을 받아들이면 되는 겁니다. 그리고 창피함에 방해받지 않고 선택할 수 있다면 되는 것입니다.

창피한 경험은 사회에서 다양한 사람과 관계를 맺으며 살아갈 때, 피하려야 피할 수 없는 존재입니다. 창피한 것은 당신의 잘못이 아닙니다. 창피함은 주변에서 강요하는 것입니다. 우리가 가장 피해야 하는 것은 바로 타인에게 창피함을 강요하는 일입니다. 우리가 창피함을 피하는 것은 어렵지만, 타인에게 강요하지 않을 수는 있지요.

저는 '성공'과 '행복'은 다르다고 생각합니다. '성공한 사람'처럼 보여도 그 사람이 정말 행복할지는 아무도 모릅니다. 반대의 경우도 똑같지요. 우리는 창피함에 지배당하면 자기 자신밖에 생각하지 못하게 됩니다. 다른 사람에게 어떻게 비칠지 과도하게 의식한 나머지 자기중심적 사고를 하게 되니까요.

자기중심적 사고로 주변을 둘러보면 타인의 싫은 부분만 눈에 들어오게 됩니다. 나에게 도움이 되지 않는 사람은 적으로 보이기 때문이지요. 창피함을 극복하면 행복도가 올라갑니다. 타인과 나를 비교하는 데서 해방되고, 이상적인 나라는 저주에서 풀려나기 때문입니다.

이 책을 집필하면서 '창피함'이라는 감정이 무척 흥미롭다고 느꼈습니다. 인간만이 느끼는 감정으로, 생각하면 생각할수록 참으로 신비로운 감정입니다. 창피함을 느낄 때는 인생을 지배당할 정도로 큰 고민거리가 되지만, 일단 그 창피한 상황을 객관적으로 볼 수 있게 되면 웃음이 나옵니다. 자신의 창피한 경험을 웃어넘길 수 있게 된 순간부터 그 창피함은 더 이상 부정적인 감정이 아니지요. 고민의 원인이 된 창피함이 시점을 바꾸기만 하면 긍정적인 웃음으로 바뀌는 것입니다.

지금은 무엇을 말하는가보다 누가 말하는가가 더 중요한 시대입니다. 저 같은 무명 저자가 무엇을 말한들 아무도 관심이 없겠지, 그렇게 생각하면서 행동하지 않는 편은 쉽습니다. 하지만 저는 믿습니다. 회의에 함께 참여한 신입 사원처럼, 십 년 전의 저처럼, 창피함이 두려워 첫발을 내딛지 못하는 사람들이 한 명이라도 이 책을 읽고 자유로워질 수 있다는 것을.

2년여에 걸쳐 기획부터 함께해주신 지바 마사유키 님과 하야시 다쿠마 님, 여러 조언을 해주신 우메다 사토시 님에게 감사의 말씀을 전합니다. 그리고 십 년간 일하면서 저와 관계를 맺었던 모든 분에게 감사하고, 또 죄송했다고 말씀드리고 싶습니다. 부끄럼을 잘 타는 제 성격 탓에 많은 분에게 폐를 끼쳤습니다. 저를 키워주신 아버지, 어머니 그리고 여동생에게도 감사의 말을 전하고 싶습니다. 휴일에도 짬을 내어 집필을 응원해준 아내 마유, 고마워. 지난달 태어난 아들 단에게도 창피함에 얽매이지 말고 쑥쑥 자라주었으면 좋겠다는 말을 전하고 싶습니다.

나카가와 료

옮긴이 **김나정**___ 일본 릿쿄대학에서 국제경영학을 전공하고 이화여자대학교 통역번역대학원 번역학과에서 석사 학위를 취득했다. 현재는 번역 에이전시 엔터스코리아에서 출판 기획 및 일본어 전문 번역가로 활동 중이다.

주요 역서로는《크리에이티브 사고를 방해하는 것들》《대바늘뜨기가 즐거워지는 원더 니트》《문구의 자초지종》《어디에도 없는 기발한 캐릭터 작화 가이드 30》《1분만 누르면 통증이 낫는 기적의 지압법》《한 장으로 보는 중국 스타트업 비즈니스 모델》《어린이를 위한 천재의 습관》등이 있다.

창피하지만, 일단 해봅니다

초판 1쇄 인쇄 2022년 12월 1일
초판 2쇄 발행 2023년 2월 10일

지은이 • 나카가와 료
옮긴이 • 김나정

펴낸이 • 박선경
기획/편집 • 이유나, 강민형, 지혜빈
마케팅 • 박언경, 황예린, 오정빈
제작 • 디자인원(031-941-0991)

펴낸곳 • 도서출판 갈매나무
출판등록 • 2006년 7월 27일 제395-2006-000092호
주소 • 경기도 고양시 일산동구 호수로 358-39 (백석동, 동문타워1) 808호
주소 • (우편번호 10449)
전화 • (031)967-5596
팩스 • (031)967-5597
블로그 • blog.naver.com/kevinmanse
이메일 • kevinmanse@naver.com
페이스북 • www.facebook.com/galmaenamu
인스타그램 • www.instagram.com/galmaenamu.pub

ISBN 979-11-91842-39-5 (03320)
값 15,500원